W0011911

Susanne Marx

Lebensträume verwirklichen

11 praktische Techniken

VAK Verlags GmbH
Kirchzarten bei Freiburg

Bibliografische Information der Deutschen Nationalbibliothek

Die Deutsche Nationalbibliothek verzeichnet diese Publikation in der Deutschen Nationalbibliografie; detaillierte bibliografische Daten sind im Internet über http://dnb.d-nb.de abrufbar.

VAK Verlags GmbH
Eschbachstraße 5
79199 Kirchzarten
Deutschland
www.vakverlag.de

© VAK Verlags GmbH, Kirchzarten bei Freiburg 2012
Lektorat: Nadine Britsch, VAK
Umschlagfoto: © best author – Fotolia.com
Reihenlayout: Hugo Waschkowski, Freiburg
Umschlagdesign: Karl-Heinz Mundinger, VAK
Satz: Sebastian Carl, 83123 Amerang
Druck: Druckerei Kösel, Altusried
Printed in Germany
ISBN 978-3-86731-114-4

Inhalt

Zu diesem Buch

Eine Frage, die mich in den letzten zwanzig Jahren immer wieder und dabei immer drängender beschäftigt hat, ist die nach dem Sinn und der Aufgabe meines Lebens. Sie ist auf der einen Seite alt und vielleicht auch schon ein wenig überbemüht, auf der anderen Seite ist sie für viele Menschen existenziell. Und wenn ich die Entwicklung der letzten beiden Jahrzehnte ansehe, ist sie auch kein Luxusproblem für materiell abgesicherte Europäer, sondern wird tatsächlich immer wichtiger und drängender – zum einen für den einzelnen Menschen, zum anderen aber auch global.

Waren die Themen meiner Klienten in der Praxis früher sehr gemischt, sind es heute fast nur noch Menschen, die sich in Richtung eines Burn-outs bewegen. Einerseits, weil der Druck von außen immer mehr zunimmt, andererseits aber vor allem, weil sie das, was sie beruflich momentan machen, nicht mehr machen möchten oder können. Manche wissen, was sie stattdessen viel lieber machen würden, weil es sie ausfüllt, haben aber bewusste oder häufiger halb- oder unbewusste Einwände dagegen, die meisten Menschen wissen aber nur, dass sich dringend etwas ändern muss, aber nicht, was genau es ist und wohin ihr Weg führen soll.

Und was das Globale anbelangt – wie ist Ihre Einschätzung? Wie würde die Welt aussehen, wenn sehr viel mehr Menschen das tun würden, was sie gerne tun, was sie ausfüllt und was sie wirklich gut können?

Dieses Buch möchte Ihnen helfen, Ihren persönlichen Weg zu finden, egal, ob Sie schon wissen, wohin Sie möchten, oder ob Sie noch auf der Suche danach sind. Ich stelle Ihnen dafür elf Techniken aus unterschiedlichen Richtungen vor, die Impulse geben sollen und hoffentlich Erkenntnisse darüber, wohin Ihre Herzenswünsche gehen. Eine Bemerkung dazu noch vorneweg: Aus meiner Sicht gibt es nicht *die* Aufgabe, sondern eine oder mehrere generelle Ausrichtungen, die einem Menschen liegen und kongruent, das heißt in Übereinstimmung mit seiner inneren Wahrheit, sind. Es gibt Richtungen, in die unser Herz und Wesen uns zieht, bei denen wir uns wohler und erfüllter fühlen und in denen wir uns besser entfalten können. Bei anderen fühlen wir uns unwohler, innerlich leer, unzufrieden und unausgefüllt.

Das größte Problem ist, dass diese Wünsche und Sehnsüchte und das Gefühl dafür, was richtig für uns ist, oft vollständig zugedeckt sind. Ein Grund dafür ist, dass wir in der Kindheit sehr viele Konzepte von außen darüber übernehmen, was ein gelungenes Leben ausmacht und unser Leben nach diesen, uns im Grunde fremden

Richtlinien, ausrichten. Ein anderer Grund ist der zuneh-
mende Druck, unter dem viele Menschen stehen: Je größer dieser Druck (Zeit-, Anforderungs-, Leistungs- und
existenzieller Druck) wird, desto mehr ist unser System
mit bloßem Funktionieren und Überleben beschäftigt.
Neurologisch schaltet unser Gehirn unter Dauerstress
die höheren kognitiven Funktionen ab und wir werden
nur noch von unserem Mittel- und Stammhirn bestimmt:
Beide sind für das Überleben notwendig, wir können uns
unter ihrem Einfluss aber nicht entfalten. Diese Entfaltung ist auch kein Luxus, sondern ganz wichtig für unsere Lebensqualität.

1943 stellte der US-amerikanische Psychologe Abraham
Maslow, einer der Begründer der humanistischen Psychologie, eine Hierarchie menschlicher Bedürfnisse auf, die
auch Maslowsche Bedürfnispyramide genannt wird und
die er 1970 noch um den Punkt „Transzendenz" ergänzte.
Je mehr wir unter Druck stehen, desto stärker werden
die unteren beiden Ebenen aktiviert (für die vor allem
das Mittel- und Stammhirn zuständig sind), je stärker
wir uns dagegen an unserer inneren Wahrheit ausrichten, desto wichtiger und existenzieller werden die oberen
Ebenen der Pyramide.

Und weil das so wichtig ist, möchte ich Ihnen in diesem
Buch verschiedene Möglichkeiten, Techniken und Wege
vorstellen, wie Sie sich und Ihren Herzenswünschen und
dem Wissen vom Sinn wieder auf die Spur kommen. Und
das kann sehr viel öfter „sowohl-als-auch" statt „entwe-
der-oder" sein, als Sie vielleicht erwarten!

Der zweite Schritt, die konkrete Umsetzung, ist ein Prozess, kein einmaliger Vorgang, der entsprechend Ihre Kraft und Ihre Verpflichtung sich selbst gegenüber braucht. Aber jeder Schritt, den Sie machen, wird ein Schritt in eine gute Richtung sein.

Eine sogenanntes „Visual Board" ist eine Collage oder bildliche Darstellung eines bestimmten Themas, z. B. von Wünschen, Jahreszielen oder der eigenen Lebensaufgabe. Es wird auch „Vision Board" oder

„Wish Board" genannt, im Deutschen findet man manchmal den Begriff „Wunsch-Collage". Ich werde hier bei „Visual Board" bleiben, weil es der neutralste Begriff ist und mehr über die Wirkungsweise aussagt (und weniger über den Inhalt, der sehr offen ist).

Visual Boards sind sehr viel mehr als einfache und vielleicht ein bisschen naive Bilder von Wünschen. Sie können das, was noch nicht greifbar ist, sicht- und wahrnehmbar machen und haben einen seltsam direkten, ja, fast ein bisschen magischen Effekt auf die Realität. Aristoteles hat Bilder als die Sprache der Seele bezeichnet, und es scheint so, also würde das

Herstellen und Beschäftigen mit einem Visual Board eine Verbindung herstellen zwischen der oft unbewussten echten inneren Ausrichtung und dem Bewusstsein. Das allerdings umso stärker, je weniger Sie bewusste Wünsche und Ziele darstellen und je mehr Sie dem Prozess die Führung überlassen – und damit Ihrer Intuition.

Sie benötigen:

- Zeitschriften, Zeitungen, Bilder, Fotos, Prospekte, Fundstücke
- ein weißes Blatt Papier
- Schere, rückstandsfrei ablösbarer Kleber (z. B. Rubbelkrepp)

Schritt 1

Wenn Sie sich entschieden haben, ein Visual Board zu erstellen, dann ist der erste Schritt, sich zu überlegen, was Sie damit ausdrücken und verstärken möchten. Grundsätzlich gibt es zwei Möglichkeiten – entweder Sie möchten ein Visual Board zu einer bestimmten Fragestellung oder einem Ziel erstellen (Beispiele und Anregungen dafür finden Sie im Folgenden), oder Sie gehen vollkommen frei und ohne Zielvorstellung an das Visual Board heran. Wenn Sie sich für eine bestimmte Fragestellung entschieden haben, dann formulieren Sie sie, z. B. „Was ist meine Lebensaufgabe?" oder „Was macht mich glücklich?".

Schritt 2

Sammeln Sie dann verschiedene Zeitschriften, Zeitungen oder Prospekte. Diese sollten möglichst unterschiedlich sein, Sie aber generell inspirieren.

Blättern Sie nun diese Zeitschriften durch und trennen Sie alles, was Sie anspricht, heraus und legen es beiseite. Dies sollte möglichst flott geschehen, damit Ihr Verstand keine Zeit hat für eine Zensur, Bewertung oder Analyse. Sie können die herausgetrennten Bilder, Worte, Farben usw. noch ein bis zwei Tage liegen lassen oder aber direkt damit weiter arbeiten.

Sehen Sie jetzt alle Ausschnitte noch einmal durch und legen Sie all das, was Sie sehr anspricht, auf eine Seite, und diejenigen Ausschnitte, die keine so starke Wirkung haben, auf die andere.

Schritt 3

Arrangieren Sie die ausgewählten Ausschnitte nun so auf einem großen weißen Blatt, bis es sich richtig für Sie anfühlt. Sie können die Collage jetzt noch einmal einen oder auch mehrere Tage auf sich wirken lassen und sie eventuell verändern. Wenn Sie mit dem Endergebnis zufrieden sind, dann kleben Sie alle Teile der Collage auf dem weißen Papier auf – am besten ist hier Rubbelkrepp, weil er wieder ablösbar ist und keine Spuren auf den Materialien hinterlässt.

Schritt 4

Hängen Sie Ihr Visual Board dann für Sie gut sichtbar auf. Sie können es immer wieder überprüfen und verändern oder ergänzen.

Bei einer Jahrescollage können Sie am Ende des Jahres vergleichen, in welcher Art und Weise sich die Dinge, Wünsche oder Gefühle entwickelt und gezeigt haben. Es ist immer wieder erstaunlich und ein kleines (oder großes) Wunder, wie sich im Leben vieles davon, einmal eingeladen und ausgedrückt, zeigt.

Sie können, wie gesagt, Ihr Visual Board auch vollkommen frei und intuitiv gestalten, was sehr viel Spaß macht und vor allem oft ganz erstaunliche und manchmal sogar die tiefsten Ergebnisse hat, oder Sie arbeiten mit einer bestimmten Fragestellung. Einige Vorschläge für solche Themen finden Sie im Folgenden zusammengestellt:

- Was ist mein Lebensziel?
- Was ist meine Lebensaufgabe? Warum bin ich hier?
- Welches Lebensgefühl möchte ich haben?
- Was macht mich glücklich?
- Was macht mich lebendig?
- Was ist mein (Lebens-) Lied?
- Was gibt meinem Leben – noch mehr – (Lebens-) Sinn?
- Was ist mein Potenzial?
- Wie kann ich mich noch besser entfalten?
- Was erfüllt mich wirklich?

Wenn Sie eine Jahrescollage für das aktuelle Jahr erstellen möchten, dann können Sie sich dafür folgende Fragen stellen:

- Was will ich nächstes Jahr in meinem Leben haben?
- Was wünsche ich mir?
- Was will ich erreichen, fühlen und erleben?
- Was soll sich ändern?
- Was sind meine Wünsche, Träume und Ziele?

Tipps und Hinweise

Ihr Visual Board bzw. das, was Sie abbilden, kann sehr konkret sein, also z. B. das Foto eines Ortes zeigen, den Sie besuchen möchten, es kann aber auch ganz abstrakt sein und z. B. aus verschiedenen Farbausschnitten bestehen, die ein bestimmtes (Lebens-) Gefühl in Ihnen auslösen.

Sie können als Alternative zu Zeitschriftenausschnitten oder Fotos auch eine Collage aus Naturmaterialien, Selbstgemaltem, farbigem Papier (z. B. kleine Farbkarten in allen erdenklichen Abtönungen aus dem Baumarkt) oder Fundstücken machen.

Eine Freundin, die sehr viel und effektiv mit Visual Boards arbeitet und den am Ende des Buches abgedruckten Erfahrungsbericht geschrieben hat, nimmt häufig aus Zeitungen ausgeschnittene Worte, die sie zu Sätzen zusammensetzt – diese verkürzt sie dann im Laufe der Zeit auf die Kernworte, um die es ihr wirklich geht oder sie stellt die Worte zu neuen Sätzen um.

Sie können Ihr Visual Board jederzeit wieder verändern, erweitern oder auf das Wesentliche verkleinern und damit immer mehr fokussieren.

Jahrescollage kann man gut mit mehreren zusammen an Neujahr oder Anfang Januar machen – das macht viel Spaß und die Collagen scheinen noch mehr Kraft zu haben.

Das Visual Board wirkt aus meiner Erfahrung auf und aus einer tieferen Ebene, die wenig mit oberflächlichen Wünschen zu tun hat – es ist eine Form der Kommunikation, die nicht nur die offensichtlichen Wünsche, die wir ja meistens kennen, sondern vor allem unsere tieferen, wesensbasierten Wünsche und Sehnsüchte ausdrückt und Impulse zu ihrer Verwirklichung gibt.

Diese Übung soll Ihnen helfen, sich selbst bewusst zu machen, welche Werte oder Qualitäten für Sie besonders wichtig sind, damit Sie Ihre Entscheidungen und  Ziele entsprechend darauf ausrichten können. Wenn Sie z. B. wissen, dass Freiheit einen höheren Stellenwert für Sie hat als Sicherheit, dann werden Sie sich in einer Position wohler fühlen, sowohl beruflich als auch privat, die Ihnen genügend Freiraum gibt, um sich zu entfalten. Wir leben, wie gesagt, oft nach Werten, die eigentlich überhaupt nicht unsere sind, und fühlen uns damit unwohl und eingeengt.

Die Werte-Priorität wird unter anderem auch im NLP (Neurolinguistisches Programmieren) verwendet, sie ist aber in gleicher oder ähnlicher Form auch in vielen anderen Richtungen bekannt.

Sie brauchen:

- Kärtchen – entweder kleine Karteikärtchen oder Zettelchen aus Papier
- Stift

Liebe	Freundschaft	Harmonie
Erfolg	Geld	Gesundheit
Erfüllung	Weiterentwicklung	Wissen
Macht	Einfluss	ein guter Mensch sein
Genuss	Verbindung	Sicherheit
Sinn	Ehrlichkeit	Freiheit
Ehre	Anerkennung	Gerechtigkeit
Mut	Ordnung	Ästhetik, Schönheit
Verantwortung	Familie	Freunde
Natur	geistige Fähigkeiten	Intuition
Intelligenz	Status	Fröhlichkeit
Leichtigkeit	freier Wille	Freigeistigkeit
Toleranz	Neugier	Gemeinschaft
Heilung	Mitgefühl	Disziplin
Wahrheit, Wahrhaftigkeit	Kreativität	Erkenntnis
Weisheit	Veränderung	Zuhause
Sinnlichkeit	Beziehungen, Beziehung	Integrität
Vertrauen	Zufriedenheit	Selbstachtung
Lebensfreude	Glück	Luxus
Behaglichkeit	Stabilität	Treue

Schritt 1

Schreiben Sie entweder alle oder aber diejenigen Begriffe aus der Tabelle heraus, die Ihnen etwas sagen oder wichtig für Sie sind (Sie können natürlich auch noch eigene Begriffe ergänzen). Legen Sie die Kärtchen mit den einzelnen Begriffen dann verdeckt auf einen Haufen.

Schritt 2

Nehmen Sie nun immer jeweils zwei Kärtchen, drehen Sie sie um und stellen Sie die beiden Begriffe oder Werte einander gegenüber. Welcher ist Ihnen wichtiger? Legen Sie diesen nun nach links und den anderen Begriff nach rechts.

Verfahren Sie so, bis keine Karte mehr übrig ist und alle Karten entweder auf dem linken oder auf dem rechten Haufen liegen.

Schritt 3

Drehen Sie nun alle Karten auf dem linken Haufen (also die jeweiligen „Gewinner") um und nehmen sich wieder jeweils zwei Kärtchen verdeckt. Vergleichen Sie auch diese beiden Begriffe miteinander und legen dann den Begriff, der Ihnen wichtiger ist, nach links und den anderen nach rechts.

Schritt 4

Nehmen Sie sich dann wieder alle Kärtchen von der linken Seite und vergleichen Sie erneut immer zwei miteinander. Machen Sie das so lange, bis nur noch vier Kärtchen übrig sind. Vergleichen Sie wieder jeweils zwei miteinander und bilden Sie einen kleinen Haufen auf der linken und einen auf der rechten Seite. Vergleichen Sie nun die beiden Begriffe auf der rechten Seite miteinander und legen Sie den wichtigeren zur Seite (der „Verlierer" kommt zu den anderen, schon abgelegten Begriffen). Der „Gewinner" ist nun auf Platz drei auf Ihrer Prioritäten-Liste. Vergleichen Sie zum Schluss noch die beiden übrig gebliebenen Begriffe miteinander – der Begriff, der Ihnen der wichtigere ist, ist Nummer eins, der andere ist Nummer zwei auf Ihrer Prioritäten-Rangliste.

Schritt 5

Jetzt können Sie sich folgende Fragen stellen:

- Was ist mein absolut oberster Wert? Warum?
- Welche Rolle spielt dieser Wert, diese Qualität im Moment in meinem Leben?
- Welches sind meine drei wichtigsten Werte? Warum?
- Inwieweit spielen sie in meinem Leben im Moment eine Rolle?
- Wie kann ich sie stärker in meinem Leben leben und entfalten?

- Stehen Entscheidungen an, bei denen mir meine Werte helfen können?
- Bin ich überrascht über meine Wahl oder waren mir die Werte und ihre Reihenfolge bewusst?
- Welche Werte haben in meiner Familie eine wichtige Rolle gespielt? Sind das auch meine?

Tipps und Hinweise

Es kann vorkommen, dass Sie sich z. B. bei den letzten beiden, also den obersten Werten nicht entscheiden können, welcher Ihnen wichtiger ist – das ist vollkommen in Ordnung.

Manchmal sind zwei der drei wichtigsten Werte einander entgegengesetzt und schließen sich scheinbar aus – wie Bequemlichkeit und Abenteuer. Versuchen Sie hier einen Kompromiss zu finden, bei dem Sie beiden Bedürfnissen gerecht werden. Solange Sie sich dieses Gegensatzes nicht bewusst sind, ist die Gefahr sehr groß, dass die Werte sich gegenseitig blockieren – wenn Sie sich dessen bewusst werden, können Sie einen Ausgleich schaffen.

Überprüfen Sie bei jedem der drei obersten Werte noch einmal, ob dahinter vielleicht noch etwas anderes steckt – gibt es eine noch tiefere Sehnsucht dahinter? Hinter dem Bedürfnis nach Erfolg steht z. B. häufig tatsächlich die Sehnsucht nach Anerkennung durch andere, nach Sicherheit oder Selbstachtung bzw. Selbstwert. Ersetzten Sie diesen ersten Wert dann durch den, der tatsächlich dahinter steht.

3. Freude als Kompass

Es gibt ein ganz sicheres Indiz in Richtung Erfüllung und Entfaltung, und das ist Freude. Dort, wo Ihre Freude ist, dort ist auch Ihr Weg. Freude ist das sicherste Indiz für Sinn.

Da es im Alltag aber gar nicht so einfach ist, wahrzunehmen, wo Freude ist, stelle ich Ihnen hier vier verschiedene Möglichkeiten vor, Ihrer Freude auf die Spur zu kommen. Sie arbeiten auf verschiedenen Ebenen (kognitiv / Erkenntnis, visuell und somatisch / körperlich), und am besten probieren Sie alle einmal aus.

1. Freude und Neid

Beantworten Sie folgende Fragen:

- Was macht mir Freude? Warum?
- Was gibt mir Kraft? Warum?
- Was inspiriert und begeistert mich? Warum?

Manchmal ist es tatsächlich einfacher, über das, was uns im Moment fehlt, darauf zu kommen, was wir stattdessen gerne hätten.

- Wie würde es (noch) schlechter werden?
- Auf wen oder was bin ich neidisch oder eifersüchtig? Warum? Was haben die, was ich nicht habe?
- Was fehlt in meinem Leben?

2. Wunschkonzert / Ich würde gerne ...

Beantworten Sie folgende Fragen:

- Was würde ich gerne tun, wenn Geld keine Rolle spielt und ich wüsste, dass nichts schief gehen kann?
- Was würde ich gerne tun, wenn ich keine Angst hätte?
- ... wenn ich keine Verpflichtungen hätte?
- ... wenn ich Geld im Überfluss hätte?
- ... wenn es mir egal wäre, was die Leute denken?
- ... wenn ich keine Zukunftsängste hätte?
- ... wenn ich völlig frei wäre?

- ■ ... wenn ich alles haben oder sein könnte?
- ■ Was hindert mich im Moment daran?
- ■ Sind es äußere Einschränkungen oder Verpflichtungen?
- ■ Sind es innere Einwände, schlechte Erfahrungen, Blockaden, Schattenseiten des Wunsches?

Tipps und Hinweise

Befreien Sie sich für die Zeitdauer, in der Sie die Fragen beantworten, von alldem, was Sie für möglich oder realistisch halten. Denken, fühlen und träumen Sie „groß" – das Entdeckte dann in die Realität umzusetzen, ist erst der zweite Schritt.

Fragen Sie sich ganz bewusst und interessiert nach Einwänden und Schattenseiten Ihrer Wünsche und Visionen. Solange diese Ihnen nicht bewusst sind oder Sie sie übergehen, werden sie die imaginäre Handbremse anziehen und so dafür sorgen, dass nichts passiert. Sobald Sie sich aber bewusst damit beschäftigen, können die Einwände ihre „Botschaft" mitteilen und Sie folglich entscheiden, ob es vernünftige Einwände sind, für die ein Kompromiss oder eine Lösung gefunden werden muss (z. B. für die Frage, wer Ihre Katze versorgt, wenn Sie auf Weltreise gehen), oder ob es Ängste und alte Programme sind, die Sie in Ihrer Weiterentwicklung blockieren oder hindern (z. B. „Das klappt doch sowieso nie!").

3. Freude sehen

Wenn Sie eher visuell veranlagt sind, dann wird Ihnen diese Technik buchstäblich Freude machen (und Antworten auf offene Fragen liefern). Sie eignet sich gut für einen allgemeinen Lebensüberblick bzw. als visueller Kompass in Richtung Freude, aber auch dann, wenn Sie sich zwischen mehreren Möglichkeiten entscheiden können oder müssen.

Schließen Sie die Augen und atmen Sie einige Mal tief ein und aus. Sehen Sie nun Ihr momentanes Leben vor sich. Jeder Lebensbereich – Beziehung, Beruf, Familie, Gesundheit usw. – hat ein eigenes Feld mit einer eigenen Farbe. Fragen Sie sich nun „Wo ist Freude?" und beobachten Sie, wie in allen oder mehreren der bunten Felder Türme oder Balken entstehen; diese können wie ein Thermometer mit einer Skala oder wie Türme aus bunten Bauklötzchen aussehen. Welcher der Türme ist der höchste? In welchem Bereich befindet er sich? Für welchen Aspekt darin steht er? Wie ist Ihr Gesamtzustand/-level an Freude jetzt, in diesem Moment?

Wenn Sie sich zwischen mehreren Möglichkeiten entscheiden möchten, dann stellen Sie sich die Alternativen A, B und C ebenfalls als farbige Flächen vor, aus denen Türme oder Thermometer wachsen, und vergleichen Sie die einzelnen Werte oder Höhen miteinander. Bei welcher Option ist der „Freude-Wert" am höchsten? Können Sie sich vorstellen, warum das so ist? Vertrauen Sie dieser Antwort?

Tipps und Hinweise

Lassen Sie die Türme oder Thermometer schnell und spontan entstehen. Je schneller Sie die Bilder entstehen lassen, desto weniger können Ihre Filter- und Zensurmechanismen das Bild verändern oder verzerren.

Das Vertrauen und vor allem das Umsetzen der Botschaften ist wichtig, damit sich nach und nach Ihre Intuition verstärkt. Wir hören diese leise, innere Stimme zwar öfter, vertrauen dann aber im Endeffekt doch auf den Verstand, und somit verschließt sich diese innere Quelle immer mehr. Probieren Sie es zuerst bei kleineren Entscheidungen aus, sodass Sie mehr und mehr Vertrauen in diese andere Art der Intelligenz gewinnen.

4. Freude fühlen – leicht vs. schwer

Ihre Körperintelligenz bietet Ihnen eine einfache und treffsichere Methode an, um die Richtigkeit verschiedener Wege, Möglichkeiten oder Entscheidungen zu überprüfen. Wenn etwas kongruent ist, also in Übereinstimmung mit unserer inneren Wahrheit, dann fühlen wir uns leicht. Ist das nicht der Fall, dann fühlen wir uns schwer. Diese Anzeige nennt sich somatischer (körperlicher) Marker und ist ein ganz wertvoller Weg in Richtung Selbstverwirklichung. Sie können diesen Mechanismus direkt an etwas Praktischem ausprobieren, bevor Sie ihn bei größeren Fragen anwenden. Denken Sie z. B. an etwas, das Sie in den nächsten Tagen vorhaben und bei dem Sie sich nicht so ganz sicher sind, ob

Sie wirklich Lust dazu haben oder nicht (das kann ein Kinobesuch oder das wöchentliche Treffen mit Freundinnen zum Sport sein). Denken Sie jetzt zuerst daran, dass Sie hingehen, und achten Sie dabei auf Ihre innerliche, körperliche Reaktion. Denken Sie dann daran, dass Sie nicht hingehen, und achten Sie wieder auf Ihre Reaktion. Es sollte ein deutlicher Unterschied zwischen beiden Reaktionen vorhanden sein. Wenn nicht, dann sind Sie mit beiden Optionen entweder kongruent oder beide gefallen Ihnen nicht so recht. Versuchen Sie es dann noch einmal bei etwas Eindeutigerem, z. B. mit der Aussage „Ich mag ..." (setzen Sie hier etwas ein, das Sie gerne essen) und im Gegensatz dazu „Ich mag ..." (setzen Sie hier etwas ein, das Sie entweder überhaupt nicht mögen oder nicht vertragen).

Mit leicht und schwer ist eine ganz direkte, wörtliche Reaktion gemeint, d. h. die Empfindung, dass es (Ihnen) leichter wird, Sie sich leichter fühlen und bei schwer umgekehrt. Die meisten Menschen empfinden diese Reaktion im Brustbereich (die Atmung scheint dann freier und leichter zu werden und der Brustraum dehnt sich etwas aus), es kann aber auch sein, dass Sie diese Reaktion an einer anderen Stelle fühlen.

Wenn Sie eine Weile mit diesem somatischen Marker experimentiert haben, können Sie ihn als Indiz oder Antwort auf größere Fragen nutzen, z. B.:

- Ist das, was ich im Moment (beruflich, privat usw.) tue, das Richtige auf meinem Weg?

- Welche ist die bessere Entscheidung – A oder B?
- Ist dieses Ziel das Richtige?
- Ist diese Entscheidung die Richtige?
- Will ich das (setzen Sie hier einen Wunsch oder eine Vision ein) wirklich?

Ziele und Entscheidungen, die mit unserer inneren Wahrheit übereinstimmen, sorgen dafür, dass wir uns leichter fühlen; sind sie nicht kongruent, fühlen wir uns schwerer.

Tipps und Hinweise

Es kann sein, dass Sie das Wahrnehmen von „leicht" und „schwer" ein wenig üben müssen – nicht, weil die Reaktion nicht eindeutig wäre, sondern weil wir den Kontakt zum Körper und seinen Signalen oft verlernt haben.

Es kann aber auch vorkommen, dass es tatsächlich Abstufungen zwischen leicht und schwer gibt – manchmal sind unsere Gefühle und Meinungen Gemengelagen. Wenn es sich um zwei oder mehrere Alternativen handelt, dann finden Sie heraus, welche sich leichter als die andere(n) anfühlt, wenn es sich um ein unklares Signal zu einer einzigen Antwort handelt, dann überprüfen Sie die einzelnen Aspekte oder Bestandteile des Themas im Hinblick auf leicht und schwer.

Ihre innere Wahrheit bzw. Ihre kongruente Reaktion auf Dinge, Situationen oder Entscheidungen kann sich mit der Zeit verändern – ob etwas leicht oder schwer ist, ist also vor allem eine Antwort auf die momentane

Situation. Bei größeren Fragen, wie die nach dem Lebensweg oder der Aufgabe, ändert sich die innere Wahrheit erfahrungsgemäß allerdings nicht.

Manchmal kann sich etwas, das von außen betrachtet negativ oder erschreckend ist, trotzdem leicht anfühlen – z. B. die Erkenntnis, dass unter den Schwierigkeiten bei der Arbeit die Überzeugung liegt „Ich kann das nicht" oder „Ich genüge nicht". Es fühlt sich aber trotzdem leicht an, zum einen, weil es im Moment kongruent mit Ihrer inneren Wahrheit ist („Ja, ich fühle tatsächlich so"), zum anderen, weil Sie endlich auf den Kern gestoßen sind, was aus meiner Sicht etwas sehr Gutes ist, da wir nur dann etwas loslassen können, das wir vorher festgehalten (also bewusst erkannt) haben. Etwas zu unterdrücken, kostet den Organismus, vor allem das Gehirn, sehr viel mehr Energie, als etwas anzuerkennen und dann eine Lösung dafür zu suchen.

Eine der besten Möglichkeiten, Antworten auf die Frage nach der eigenen Aufgabe zu bekommen, ist, nicht darüber nachzudenken, sondern die Frage an die eigene Herzintelligenz weiterzugeben. Unser Herz ist ein sehr kom-  plexes, selbstorganisierendes intelligentes System mit einem eigenen „Gehirn", d. h. Nervensystem. Die Herzintelligenz arbeitet wesentlich intuitiver und umfassender als unser linearer Verstand und ermöglicht uns den Zugang zu einem unmittelbaren Wissen, das das lineare Wissen mit einschließt, aber wesentlich größer ist. Unser Bewusstsein geht damit über die eingeschränkte Perspektive und Fähigkeit des linearen Denkens hinaus und wir denken und handeln klarer, effektiver und kreativer. Und wir sind mit dem Teil von uns verbunden, der weiß, worin unsere tiefe Lebenssehnsucht besteht.

Neuere Untersuchungen haben darüber hinaus etwas ausgesprochen Spannendes ergeben: Sie belegen, dass das Herzgehirn nicht nur intuitive Informationen aus dem eigenen Bewusstsein empfängt, sondern auch Informationen von außen, und zwar *bevor* sie das Gehirn erreichen (McCraty, Atkinson und Bradley 2004a, 2004b). Das Herz erhält diese Informationen zuerst, dann werden sie an das Gehirn weitergeleitet und dieses informiert dann den Körper, der daraufhin reagiert. Das bedeutet, dass das Herz auf viel mehr Informationen und das auch noch schneller zugreifen kann, als unser Gehirn dies tut. Wir erhalten durch unser „Herzgehirn" und seine Intelligenz Zugang zu höheren Ebenen – innen wie außen –, auch wenn diese Informationen oft durch das Chaos, das in uns herrscht, nicht in unser Bewusstsein dringen.

Zur Erforschung dieser Herzintelligenz hat der amerikanische Forscher Doc Childre 1991 das Institut für HeartMath (IHM) gegründet – der deutsche Begriff für „HeartMath" ist „Herzintelligenz". Dieses Institut ist ein gemeinnütziges Forschungs- und Ausbildungszentrum und hat sich zum Ziel gesetzt, die Rolle des Herzens für unsere Gesundheit, aber auch für unser emotionales und geistiges Wohlbefinden sowie unsere Leistungsfähigkeit zu untersuchen und herauszufinden, über welche Wege das Herz mit dem Gehirn und der Außenwelt Informationen austauscht und dadurch unsere Wahrnehmung beeinflusst.

Wie kann ich nun konkret Kontakt zu meiner Herzintelligenz aufnehmen und ihr Fragen stellen? Dafür gibt es mehrere Möglichkeiten.

Auf und zu

Wenn Sie mehrere Optionen haben, z. B. „Soll ich dieses Angebot annehmen oder nicht?" oder „Soll ich A oder B machen?", dann eignet sich folgende Übung gut.

Suchen Sie sich einen ruhigen Platz, atmen Sie einige Male tief ein und aus und kommen Sie innerlich zur Ruhe. Denken Sie nun an Option A, also z. B. „das Angebot annehmen" und achten Sie auf Ihre Reaktion im Bereich der Brustmitte bzw. des Herzens. Denken Sie dann an Option B, „das Angebot nicht annehmen" und achten Sie wieder auf Ihre Reaktion. Denken Sie dann „eine andere, bessere Möglichkeit" und achten Sie auch hier auf die Reaktion Ihrer Herzintelligenz in der Mitte der Brust. Sie werden feststellen, dass Ihr Herzbereich sich öffnet oder schließt – eine Öffnung bedeutet „Ja, das ist gut", ein Schließen „Nein, das passt (im Moment) nicht".

Das Herz fragen

Wenn Sie eine Antwort auf eine offene Frage wie „Was ist meine Lebensaufgabe?" suchen, dann verwenden Sie folgende Methode:

Suchen Sie sich einen ruhigen Platz, atmen Sie einige Male tief ein und aus und kommen Sie innerlich zur Ruhe. Legen Sie nun eine Hand auf die Mitte Ihres Brustraumes auf das Herz und atmen Sie durch Ihre Hand und den Herzbereich darunter ein und aus. Das dient dazu, Ihre Wahrnehmung aus dem Kopf, wo sie normalerweise sitzt, in den Herzbereich zu verlagern. Mit der Herzintelligenz

Kontakt aufzunehmen, bedeutet ganz konkret die Aufmerksamkeit vom Kopf in den Herzbereich zu verlagern – sich also das Herz nicht vor dem geistigen Auge (im Gehirn) vorzustellen, sondern mit der Körperwahrnehmung tatsächlich in den Brustbereich zu wandern. Sie können auch die Vorstellung eines Aufzuges zur Hilfe nehmen: Stellen Sie sich vor, Sie steigen in Ihrem Kopf in einen Aufzug und drücken dann auf den „Runter-Knopf". Nehmen Sie wahr, wie Ihre Aufmerksamkeit durch den Hals hinunter in den Brustbereich „fährt" und steigen Sie dort aus dem Aufzug aus. Machen Sie sich nun erst einmal vertraut mit dem Raum und wandern Sie mit Ihrer Aufmerksamkeit eine Weile durch das Feld Ihrer Herzintelligenz. Sie können die Wahrnehmung dieses Bereiches verstärken, indem Sie sich bewusst an ein Gefühl der Dankbarkeit, Freude, Liebe oder Wertschätzung erinnern. Diese Gefühle gehen vom Herzbereich aus und helfen, ihn leichter und deutlicher zu spüren. Fragen Sie jetzt diesen Bereich „Was ist meine Lebensaufgabe?" und lassen Sie dann los. Sie können noch eine Weile aufmerksam bei der Wahrnehmung des Herzzentrums bleiben – es ist ein wunderbarer Ort für die Aufmerksamkeit.

Tipps und Hinweise

Manchmal kommt eine Antwort schnell und direkt, häufiger dauert es eine Weile – es kann sein, dass Sie im Laufe des Tages eine Antwort erhalten, es kann aber auch bis zu zwei Wochen dauern.

Die Antwort kann in Form von Worten oder Sätzen kommen, es können aber auch Bilder, Gefühle oder ein „es-einfach-wissen" sein.

Manchmal kommt die Antwort auch als Impuls von außen, etwas, das jemand zu Ihnen sagt, ein Buch oder eine Erkenntnis aus einer Situation heraus. Seien Sie einfach offen und aufmerksam.

Wenn keine Antwort kommt, oder Sie die Antwort nicht klar verstehen, dann fragen Sie nach. Stellen Sie also noch einmal die Frage „Was ist meine Lebensaufgabe?" oder „Was meinst du mit diesem Impuls / Hinweis / Wort?".

Je komplexer ein Problem oder eine Frage ist, desto effektiver ist es, sie diesem Intelligenzzentrum, das die Intuition und das unbewusste Wissen beherbergt, anzuvertrauen (anstatt angestrengt darüber nachzudenken). Dies haben verschiedenen Untersuchungen, unter anderem des Psychologen Ap Dijksterhuis, gezeigt.

5. Wo ist meine Lebensenergie?

Lebensenergie und Sinn hängen eng zusammen. Je stärker und deutlicher Ihr Gefühl ist, auf dem richtigen Weg zu sein und etwas Sinnvolles zu tun, desto höher ist auch Ihr Level an Lebensenergie. Und umgekehrt gilt dasselbe – je unwohler Sie sich mit dem fühlen, was Sie tun und wer Sie sind, desto niedriger ist der Grad an Lebensenergie.

Wenn Sie dieses Thema anspricht, dann können Sie zuerst die folgenden Fragen – möglichst schnell und spontan – beantworten, bevor wir uns mit einzelnen Lebensbereichen und ihrem jeweiligen Energielevel beschäftigen.

Wie viel Prozent Lebensenergie habe ich im Moment?
(100 % steht hier für Ihr persönliches Maximum, 0 % für
Ihr persönliches Minimum.)

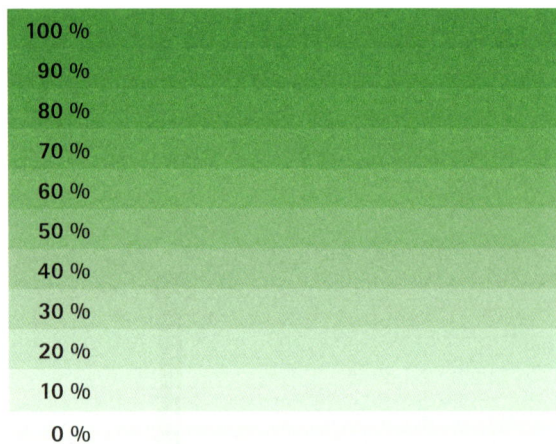

- Wo befindet sich meine restliche Lebensenergie?
- Wer oder was hat den Rest?
- Wo gehe ich Kompromisse ein, welche Opfer bringe
  ich?
- Zugunsten von ...?
- Wie sehen mögliche Lösungen aus?

Sehen wir uns jetzt Ihr Leben als lineare Zeitlinie an. Dafür können Sie folgende Fragen beantworten:

- Wie hoch war mein Energieniveau zur besten Zeit meines Lebens?
- Was hat mir damals Kraft gegeben und Freude bereitet, warum war meine Lebensenergie so hoch?
- Worin bestand der Unterschied im Vergleich zu meiner momentanen Lebenssituation?
- Wie hoch war mein Energieniveau in der schlechtesten Zeit meines Lebens?
- Warum war sie damals so niedrig, was hat mir meine Energie geraubt?
- Wo stehe ich gerade?

Sehen wir uns Ihre gegenwärtige Ist-Situation nun, geordnet nach Lebensbereichen, etwas genauer an. Füllen Sie schnell und spontan die Thermometer für die einzelnen Bereiche aus.

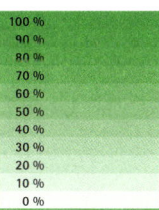

Beziehung zu mir –
wie sehr mag ich mich
in diesem Moment?

Sinn

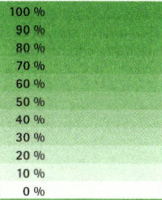

Beziehung / Liebe

| 100 % |
| 90 % |
| 80 % |
| 70 % |
| 60 % |
| 50 % |
| 40 % |
| 30 % |
| 20 % |
| 10 % |
| 0 % |

Freunde / soziales Netz

| 100 % |
| 90 % |
| 80 % |
| 70 % |
| 60 % |
| 50 % |
| 40 % |
| 30 % |
| 20 % |
| 10 % |
| 0 % |

Beruf

| 100 % |
| 90 % |
| 80 % |
| 70 % |
| 60 % |
| 50 % |
| 40 % |
| 30 % |
| 20 % |
| 10 % |
| 0 % |

Familie

| 100 % |
| 90 % |
| 80 % |
| 70 % |
| 60 % |
| 50 % |
| 40 % |
| 30 % |
| 20 % |
| 10 % |
| 0 % |

Freizeit / Interessen

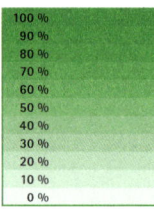

| 100 % |
| 90 % |
| 80 % |
| 70 % |
| 60 % |
| 50 % |
| 40 % |
| 30 % |
| 20 % |
| 10 % |
| 0 % |

Wohnung

| 100 % |
| 90 % |
| 80 % |
| 70 % |
| 60 % |
| 50 % |
| 40 % |
| 30 % |
| 20 % |
| 10 % |
| 0 % |

Finanzen

| 100 % |
| 90 % |
| 80 % |
| 70 % |
| 60 % |
| 50 % |
| 40 % |
| 30 % |
| 20 % |
| 10 % |
| 0 % |

Gesundheit

| 100 % |
| 90 % |
| 80 % |
| 70 % |
| 60 % |
| 50 % |
| 40 % |
| 30 % |
| 20 % |
| 10 % |
| 0 % |

Spiritualität

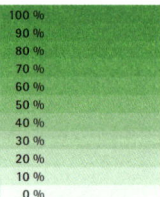

Kinder

Welche Bereiche haben ein niedriges Energieniveau/
-level? Wo gehen Sie Kompromisse ein? Zugunsten
von wem oder was? Gibt es hier Lösungen oder bessere
Wege? Wie können Sie die Energie in diesem Bereich
anheben?

Wenn Sie die verschiedenen Energieniveaus zusam-
menrechnen und durch die Anzahl der Bereiche teilen
– kommt dann die gleiche Zahl zustande, die Sie am Anfang gezeichnet haben? Wenn nicht, woher stammt der
Unterschied?

Tipps und Hinweise

Hat Sie das Ergebnis der letzten Übung überrascht? Oder
waren es tatsächlich diejenigen Bereiche, die Sie erwartet haben?

Gab es eine Diskrepanz zwischen der Summe der Einzel-
bereiche und der Gesamtzahl am Anfang? Wie erklären
Sie sich das?

6. Reise zur inneren Quelle

Eine wunderbare (und sehr effektive) Möglichkeit, Rat von einer höheren Quelle zu erhalten, ist die hier vorgestellte Reise zur inneren Quelle. Wir bewegen uns dabei mithilfe unseres Alltags-  oder Wachbewusstseins über die Sprache der Bilder hin zu einem Ort oder einer Dimension in uns, die sehr viel größer und weiser ist als unser eingeschränkter Verstand. Diese Dimension oder Instanz wird in manchen Traditionen als Seelengarten beschrieben, mit der inneren Quelle für Weisheit, Wissen und Lebenskraft eines Menschen in der Mitte. Die westliche Bezeichnung dafür wäre eine Reise in das Innere des eigenen Bewusstseins.

Wissenschaftlich gesehen sind uns nur vier bis acht Prozent unseres Selbst bekannt, der Rest ist uns nicht bewusst zugänglich, steuert aber fast unsere gesamten Lebensprozesse (einschließlich sämtlicher psychischer und emotionaler Programme und Automatismen). Und dieser unbewusste Teil ist hochintelligent – während unser Bewusstsein nur etwa 40 Bits an Informationen pro Sekunde verarbeiten kann, sind es bei unserer Gesamtintelligenz je nach Schätzung zwischen 20.000.000 und 200.000.000 Bits. Und trotzdem versuchen wir, komplexe Fragen, wie die nach Herzenssehnsüchten und unserer inneren Ausrichtung, durch Nachdenken, also mit dem langsamen und sehr eingeschränkten Verstand, zu beantworten, anstatt sie dieser inneren Intelligenz mit ihrer enormen Verarbeitungsgeschwindigkeit und Kapazität zu überlassen. Unser Alltagsbewusstsein kennt auf viele Fragen keine Antworten, unser Gesamtwissen kennt sie.

Es gibt für diese innere Reise zwei verschieden Varianten: Einmal beginnen wir sie, indem wir eine Treppe hinuntergehen (dieses innere Bild stellt eine Entspannung dar und verursacht auch gleichzeitig eine immer tiefere Entspannung und damit Veränderung der Gehirnwellenfrequenz von der normalen Beta-Frequenz des Alltagsbewusstseins hin zur langsameren Alpha-Frequenz einer Entspannung), das andere Mal starten wir an einem Ort in der Natur, den Sie kennen und geistig aufsuchen.

Lesen Sie sich diesen Text entweder mehrmals durch, bevor Sie auf die Reise gehen, oder sprechen Sie ihn auf ein Aufnahmegerät. Wählen Sie die Variante, die Sie spontan mehr anspricht (Einleitung und Haupttext sind bei beiden gleich, sie unterscheiden sich aber in der Art des „Einstiegs").

Text

Wir gehen zusammen zu Ihrer inneren Quelle, Ihrer inneren Weisheit, Ihrem höheren Selbst oder Ihrem Seelengarten – dort fragen Sie nach Ihrer Lebensaufgabe oder Ihren Qualitäten und Fähigkeiten.

Ich oder jemand anderes, dem Sie vertrauen, begleitet Sie bis kurz vor die Quelle, dort gehen Sie dann alleine weiter. Ich oder Ihr Begleiter, wir warten auf Sie und wir gehen wieder zusammen zurück.

Sorgen Sie dafür, dass Sie eine halbe Stunde ungestört sind und Schließen Sie Ihre Augen. Entspannen Sie sich und atmen Sie einige Male tief ein und aus. Lassen Sie mit jedem Ausatmen alles los, was Sie gerade beschäftigt und lassen Sie Ihre Atemzüge das Wichtigste auf der Welt werden.

(Fahren Sie nun mit Variante 1 oder 2 fort.)

Variante 1: Treppe

Sehen Sie jetzt eine schöne Tür vor sich. Hinter dieser Tür liegt eine helle, angenehme und geräumige Treppe, die nach unten führt. Am unteren Absatz der Treppe befindet sich eine zweite Tür. Öffnen Sie nun die erste, obere Tür – können Sie die Treppe klar vor sich sehen? (kurze Pause) Nun gehen wir zusammen die Treppenstufen hinunter und zählen dabei die Stufen, bei jeder Treppenstufe entspannen Sie sich mehr und mehr: 1, 2, 3, 4, 5, 6, 7, 8, 9, 10. Wenn wir unten angekommen sind, dann öffnen

Sie die Tür, hinter ihr erstreckt sich eine wunderschöne Landschaft, Ihr Seelengarten.

Wie riecht es hier, nach was schmeckt es, welche Geräusche können Sie hören, welches Wetter ist gerade, wie fühlt sich der Boden unter Ihren Füßen an? Welche Tiere und Pflanzen sehen Sie? (*kurze Pause*) Sehen Sie nun vor sich einen Weg, der durch Ihren Seelengarten führt. Wir folgen dem Weg in Richtung auf das Geräusch eines Brunnens oder einer Quelle mit einer Fontäne. Gibt es noch mehrere Biegungen oder können Sie die Quelle schon sehen? (*kurze Pause*) Wir gehen zu Ihrer Quelle. Ich oder Ihr Begleiter, wir werden hier auf Sie warten. Gehen Sie jetzt den kurzen Weg, vielleicht um eine letzte Biegung oder einen Torbogen, dort ist Ihre innere Quelle mit einer wunderschönen Fontäne aus Wasser und Millionen regenbogenfarbiger Tröpfchen. Dort, an Ihrer inneren Quelle, wartet Ihre innere Weisheit (meist) in Form eines Mannes oder einer Frau auf Sie, wohlwollend, weise und sehr vertraut. Begrüßen Sie sie oder ihn und sagen Sie, dass Sie etwas fragen möchten oder eine bestimmte Antwort oder Lösung suchen. (*Wichtig*: Bitte wählen Sie im Vorfeld die für Sie passende Frage aus und sprechen Sie nur diese auf Band.)

- Was ist meine Aufgabe im Leben?
- Wie kann ich mich entfalten?
- Bin ich auf dem richtigen Weg?
- Was sind meine besonderen Gaben?
- Was ist konkret der nächste Schritt?

Die Antworten kommen entweder verbal, oder Ihnen wird ein Buch gezeigt, Sie sehen etwas in der Quelle oder Sie gehen zusammen irgendwohin oder bekommen Szenen Ihres Lebens gezeigt. Wenn etwas unklar ist, dann bitten Sie darum, es Ihnen klarer zu zeigen oder zu sagen, was es bedeutet. (*kurze Pause*)

Wenn Sie das Gefühl haben, dass Sie alle Antworten erhalten haben oder Ihre Innere Weisheit es Ihnen sagt, dann bedanken Sie sich, verabschieden Sie sich und kommen Sie zu dem Platz zurück, an dem wir, ich oder Ihr Begleiter, auf Sie warten. Dann gehen wir den Weg, den wir gekommen sind, wieder zurück, sehen die geöffnete Tür und die Treppe vor uns und gehen die Treppe wieder hoch, wobei wir wieder die Stufen zählen: 10, 9, 8, 7, 6, 5, 4, 3, 2, 1. Wenn Sie oben angekommen sind, dann gehen Sie durch die Tür am oberen Treppenabsatz wieder in den Raum zurück, in dem Sie sich befinden, ich verabschiede mich, und Sie kommen wieder vollständig ins Hier und Jetzt zurück. Bewegen Sie Ihre Hände und Füße, recken, strecken und rekeln Sie sich und öffnen Sie dann langsam die Augen wieder. Lassen Sie Ihre Erfahrungen und Erkenntnisse noch etwas nachwirken, bevor Sie wieder in Ihren Alltag starten.

Variante 2: Platz in der Natur

Denken Sie nun an eine Stelle in der Natur, die Sie sehr gerne mögen, wo Sie sich vollkommen wohl und sicher fühlen. Gehen Sie jetzt geistig dorthin und nehmen Sie alles wahr, was an diesem wunderbaren Ort ist. Sehen, riechen, fühlen, schmecken und hören Sie Ihren Ort. (*kurze Pause*) Ich oder Ihr Begleiter, wir warten dort auf Sie. An einer Stelle Ihres Lieblingsplatzes befindet sich ein Portal, eine Tür oder eine Öffnung, vielleicht zwischen zwei Bäumen oder als Spalt in den Felsen. (*kurze Pause*) Wir gehen zusammen dort hindurch. Auf der anderen Seite befindet sich eine wunderschöne Landschaft – Ihr Seelengarten.

Wie riecht es hier, nach was schmeckt es, welche Geräusche können Sie hören, welches Wetter ist gerade, wie fühlt sich der Boden unter Ihren Füßen an? Welche Tiere und Pflanzen sehen Sie? (*kurze Pause*) Sehen Sie nun vor sich einen Weg, der durch Ihren Seelengarten führt. Wir folgen dem Weg in Richtung auf das Geräusch eines Brunnens oder einer Quelle mit einer Fontäne. Gibt es noch mehrere Biegungen oder können Sie die Quelle schon sehen? (*kurze Pause*) Wir gehen zu Ihrer Quelle. Ich oder Ihr Begleiter, wir werden hier auf Sie warten. Gehen Sie jetzt den kurzen Weg, vielleicht um eine letzte Biegung oder einen Torbogen, dort ist Ihre innere Quelle mit einer wunderschönen Fontäne aus Wasser und Millionen regenbogenfarbiger Tröpfchen. Dort, an Ihrer inneren Quelle, wartet Ihre innere Weisheit (meist) in Form eines Mannes oder einer Frau auf Sie, wohlwollend, weise und sehr vertraut. Begrüßen Sie sie oder ihn und sagen Sie, dass Sie etwas fragen möchten oder eine bestimmte Antwort oder Lösung suchen. (*Wichtig*: Bitte wählen Sie im Vorfeld die für Sie passende Frage aus und sprechen Sie nur diese auf Band.)

- Was ist meine Aufgabe im Leben?
- Wie kann ich mich entfalten?
- Bin ich auf dem richtigen Weg?
- Was sind meine besonderen Gaben?
- Was ist konkret der nächste Schritt?

Die Antworten kommen entweder verbal, oder Ihnen wird ein Buch gezeigt, Sie sehen etwas in der Quelle oder Sie gehen zusammen irgendwohin oder bekommen Szenen Ihres Lebens gezeigt. Wenn etwas unklar ist, dann bitten Sie darum, es Ihnen klarer zu zeigen oder zu sagen, was es bedeutet. (*kurze Pause*)

Wenn Sie das Gefühl haben, dass Sie alle Antworten erhalten haben oder Ihre Innere Weisheit es Ihnen sagt, dann bedanken Sie sich, verabschieden Sie sich und kommen Sie zu dem Platz zurück, an dem wir, ich oder Ihr Begleiter, auf Sie warten. Dann gehen wir den Weg, den wir gekommen sind, wieder zurück bis zu der Öffnung oder dem Portal. Wir gehen zusammen hindurch zu Ihrem Platz in der Natur und verabschieden uns dort voneinander. Kommen Sie von dort nun in den Raum zurück, in dem Sie sich befinden, und kommen Sie wieder vollständig im Hier und Jetzt an. Bewegen Sie Ihre Hände und Füße, recken, strecken und rekeln Sie sich und öffnen Sie dann langsam die Augen wieder. Lassen Sie Ihre Erfahrungen und Erkenntnisse noch etwas nachwirken, bevor Sie wieder in Ihren Alltag starten.

Tipps und Hinweise

Am besten sprechen Sie den Text auf einen MP3-Player, ein Diktiergerät, ein Handy o. Ä. Lassen Sie dabei Pausen an den gekennzeichneten Stellen.

Oder Sie lesen sich die Anleitung mehrmals durch und führen sie dann innerlich aus.

Sie können sich die Anleitung auch von jemanden vorlesen lassen und Ihrem Vorleser dann Bescheid sagen, wenn Sie fertig sind und es wieder zurückgeht.

Wenn die Landschaft, der Seelengarten seltsam aussieht oder komische Dinge auftauchen, dann gehen Sie am besten wieder zurück und probieren Sie es an einem anderen Tag noch einmal (reisen Sie nicht, wenn Sie müde, sehr aufgeregt oder angeschlagen sind – Sie werden dann wahrscheinlich keine klaren Botschaften erhalten, sondern eher unsortiertes Material aus dem Unterbewusstsein –, das ist zwar überhaupt kein Problem, ist aber in diesem Fall nicht das, was wir suchen).

Schreiben Sie sich nach jeder Reise auf, was Sie erlebt haben. Auch wenn es vielleicht etwas lästig ist oder Sie das Gefühl haben, dass Sie sich alles merken können, empfiehlt es sich, sich diese Mühe doch zu machen. Sie werden feststellen, dass Sie sich dann viel detaillierter erinnern und Sie können später noch einmal nachlesen,

besonders wenn die Antwort etwas unklar oder rätsel-
haft war.

Manchmal kommen Antworten in Form von Symbolen
oder einzelnen Bildern – oft ergibt sich deren Sinn und
Bedeutung direkt, falls nicht, fragen Sie bei Ihrer inneren
Quelle nach.

Machen Sie diese Reise nicht nur einmal, sondern immer wieder. Sie werden feststellen, dass sie Ihnen immer
vertrauter wird und Sie einen immer besseren Kontakt zu
Ihrer inneren Weisheit bekommen. Sie tragen in sich eine
Quelle der Weisheit und des Rates, und es wäre schade,
sie nicht regelmäßig zu nutzen.

Setzen Sie die Ratschläge, auch oder gerade die unbe-
quemen, auch wirklich in die Realität bzw. Tat um.

Es kann sein, dass Sie bei großen Fragen, wie der nach
der Aufgabe Ihres Lebens, mehrfach zur inneren Quelle
reisen müssen. Erwarten Sie am Anfang am besten nicht
zu viel und seien Sie nicht enttäuscht, wenn die erste
Reise noch nicht alle Stationen oder Antworten enthält
oder ergibt. Auch diese Art der inneren Arbeit erfordert
Training und ein wachsendes gegenseitiges Vertrauen.

Bei der Medizin-Wanderung gehen wir für einen bestimmten, vorher festgelegten Zeitraum in die Natur und erhalten im Kontakt mit und durch die Natur Erkenntnisse, Zeichen und Antworten auf unsere Fragen.

Diese Methode ist, genau wie die im nächsten Kapitel beschriebene Visionssuche, in indigenen Kulturen weit verbreitet und somit eine „klassische" Technik um Rat und Führung bei Lebensfragen zu erhalten. Sie eignet sich besonders für die Beantwortung von wichtigen Fragen, z. B. nach der Aufgabe des eigenen Lebens, aber auch für die Entscheidungsfindung, Klärung, Standortbestimmung sowie um etwas Altes zu verabschieden und etwas Neues zu begrüßen.

Die Technik ist vor allem im indianischen Bereich, aber auch in der Sin-Eater-Tradition der Britischen

Inseln (dort „rhamanta" genannt) und in anderen traditionellen Kulturen häufig zu finden. Sie ist dort ein bewährtes Mittel, um Antworten über den Spiegel der Umwelt zu erhalten und über die Kommunikation mit der Intelligenz der Natur die eigene, aktuelle Lebenssituation zu erkennen und Lösungen und Antworten zu finden.

Mit „Medizin" ist dabei nicht die Medizin im westlichen Sinne gemeint, sondern Medizin meint all das, was mir hilft und mich unterstützt – also das, was ich brauche und was heilsam für Körper, Geist und / oder Seele ist. Das kann etwas ganz Konkretes wie eine Heilpflanze sein, aber auch eine Erkenntnis, eine Melodie oder die Unterstützung von Naturkräften. Was immer ich auf meiner Medizin-Wanderung sehe, erlebe und erkenne, was auch immer mir dort begegnet (auch wenn es strömender Regen ist), wird hilfreich und heilsam für mich sein. Jeder Teil der Natur, ob Tier, Pflanze, Stein oder Donner, ist ein Lehrer und potenzieller Freund.

Sie brauchen:

- Kompass
- angemessene Kleidung
- Papier und Stift
- etwas zum Trinken
- vielleicht eine Unterlage zum Sitzen (für Warmduscher wie mich)

Vorbereitung

Überlegen Sie sich vor Ihrer Medizin-Wanderung, was Sie erreichen möchten, worauf Sie eine Antwort finden möchten oder welches Ziel die Wanderung haben soll. Das sollte am besten schon einige Tage vor der eigentlichen Wanderung geschehen, weil dann Ihr Unterbewusstsein bereits anfängt, das Thema zu bearbeiten.
Legen Sie dann eine Zeit fest – an welchem Tag Sie wandern wollen und wie viele Stunden. Am besten ist, einen kompletten Tag und eine komplette Nacht in der Natur zu verbringen, ein kürzerer Zeitraum geht aber auch (allerdings sollten es mindestens drei Stunden sein). Überlegen Sie sich, ob Sie vor oder bei der Wanderung selbst fasten möchten, und legen Sie sich alles Notwendige für die Wanderung zurecht.

Wanderung

Machen Sie sich noch einmal klar, was Ihr Ziel oder Anliegen für die Medizin-Wanderung ist. Überschreiten Sie dann ganz bewusst eine Schwelle, die Sie aus der Alltagswelt in die Medizin-Welt führt – das kann ein Steinkreis sein, den Sie legen, aber auch Ihre eigene Türschwelle, der Beginn des Wanderweges oder die Tür des Busses, der Sie dorthin bringt. Wichtig ist nur, dass Sie etwas als Schwelle festlegen und diese bewusst und mit der Erfahrung, aus der normalen Alltagswelt mit ihrem Alltagsbewusstsein in eine andere Welt mit einer feineren Wahrnehmung zu gehen, hinüber zu schreiten.

Gehen Sie nun los. Lassen Sie sich ab jetzt ausschließlich von Ihrer Intuition, Ihrem Herzen oder Ihrem Solarplexusbereich leiten. Das kann sich manchmal wie ein ziel- und zeitloses Treibenlassen anfühlen, wie wir es als Kinder oft beim Spielen erlebt haben, manchmal weckt aber auch plötzlich etwas unser Interesse und wir fühlen uns dorthin gezogen. Seien Sie die ganze Zeit über wach und aufmerksam, beobachten Sie alles mit Interesse und achten Sie auf Zeichen, besonders in Bezug auf Ihre Frage. Stellen Sie sich Ihre Frage immer einmal wieder, lassen Sie ansonsten aber Ihren Geist zur Ruhe kommen. Achten Sie regelmäßig auf Ihren Herz- oder Solarplexusbereich – Sie werden feststellen, dass Sie dort immer wieder wie von einer unsichtbaren Kraft vorwärts gezogen werden, so als wären diese Bereiche eine Art Radar oder verbunden mit etwas in der Natur, das wichtig für Sie ist. Grundsätzlich gibt es mehrere Möglichkeiten, in Kontakt mit Ihrer Frage und der Antwort zu bleiben:

Variante 1

Achten Sie einfach auf alles, was Ihnen auffällt und was als plötzliche, spontane Erkenntnis einen Sinn für Sie und Ihre Frage ergibt. Wenn Sie plötzlich etwas interessant oder spannend finden, dann hat es bewusst Ihre Aufmerksamkeit erregt und spricht zu Ihnen in der universellen Sprache der Liebe, wie es die Seneca-Indianer nennen.

Variante 2

Stellen Sie Ihre Frage und achten Sie im Lauf der Wanderung auf drei Zeichen. Auch wenn das erste Zeichen schon Ihre Frage beantwortet, so ist es wichtig, noch auf zwei weitere Zeichen zu achten. Zum einen, weil Sie die erste Information dann noch einmal überprüfen können, und zum zweiten, weil oft alle drei Zeichen zum Schluss zusammengesetzt werden können und dann eine sinnvolle Geschichte ergeben.

Variante 3

Achten Sie auf Ihrer Wanderung auf nichts Spezielles bzw. nehmen Sie alle Informationen ohne den Versuch einer Deutung einfach auf – aus der Erzählung (siehe folgende Informationen) entsteht dann die Geschichte und der Sinn. Das klingt vielleicht etwas seltsam, funktioniert aber in der Praxis ausgezeichnet.

Wenn die festgelegte Zeit um ist oder die Sonne untergeht, dann kehren Sie wieder zurück in die Alltagswelt, indem Sie noch einmal bewusst Ihre Schwelle übertreten. Ein wichtiger Bestandteil der Medizin-Wanderung ist es, danach Ihre Geschichte zu erzählen – vieles formt sich dann zu einer Erkenntnis und zu einem Gesamtbild. Wenn Sie die Medizin-Wanderung mit anderen gemeinsam gemacht haben (wobei jeder seiner Wege geht und man sich zu einer festgelegten Zeit wieder trifft), dann ist es sehr schön, z. B. bei einem Feuer den anderen zu berichten, was Sie erlebt haben. Sie können Ihre Erfahrungen aber auch jemandem, der keine Wanderung gemacht hat, erzählen – dabei ist es gut, das vorher auszumachen, sodass Sie sicher sein können, dass Ihr Gegenüber Ihnen interessiert und aufmerksam zuhört. Natürlich reicht es auch, wenn Sie Ihre Geschichte aufschreiben und Sie so noch einmal zusammenfassen und verstehen, sehr viel schöner ist das aber natürlich in einer Gruppe von Gleichgesinnten, die ähnliche Erfahrungen gemacht haben.

Es ist wichtig, dass Ihre Geschichte von Ihnen noch einmal reflektiert und von den anderen gehört und bestätigt wird – dadurch bekommt Ihre Medizin-Wanderung mehr Kraft und Realität in der Alltagswelt. Sie haben etwas Kostbares und Wertvolles erlebt und das verdient es, gehört, beachtet und gewürdigt zu werden.

Tipps und Hinweise

Achten Sie nach einer Medizin-Wanderung auf alles, was in den folgenden zwei Wochen geschieht, vor allem in Zusammenhang mit Ihrer Frage oder Ihrem Ziel.

Setzen Sie Ihre Erkenntnisse auch in die Realität um – jede folgende Medizin-Wanderung wird dann mehr Kraft haben.

Schalten Sie während der Wanderung wirklich auf einen anderen Modus der Wahrnehmung und des Seins um. Hier geht es nicht mehr um den Verstand, sondern um die feinere Wahrnehmung von Informationsfeldern und Bewusstsein in der Natur.

Alles, was Ihnen draußen begegnet, auch oder gerade die „unangenehmen" Dinge, können und möchten Lehrer und Freund sein, wir müssen ihnen allerdings eine Chance dazu geben und zuhören, ohne Zeitdruck und ohne Erwartung.

Wenn die Antwort auf Ihre Frage etwas unklar ist, dann fragen Sie nach oder wandern Sie zur Klärung noch einmal.

Sie können immer wieder eine Medizin-Wanderung machen – sie wird mit jedem Mal intensiver und tiefer.

Der andere Kontakt mit der Natur während einer Medizin-Wanderung ist sehr bereichernd, egal, ob Sie eine Frage oder ein konkretes Anliegen haben oder nicht. Sie können diese Art des Draußenseins also auch ohne eine Frage unternehmen.

8. Visionssuche
(*Vision Quest*)

Wie die Medizin-Wanderung ist auch die Visionssuche ein klassischer Weg, um Antworten auf Lebensfragen zu bekommen. Sie ist von allen hier vorgestellten Methoden sicher die herausforderndste, aber gleichzeitig auch die intensivste und prägendste.

In vielen indigenen Kulturen ziehen sich Jugendliche oder Erwachsene eine Zeit lang in die Einsamkeit der Natur zurück. Das kann an der Schwelle zwischen zwei Lebensabschnitten sein – die Fragen „Was ist mein Weg, was meine Aufgabe und was meine Gaben?" sind gerade für Jugendliche an der Schwelle zum Erwachsensein zentrale Punkte –, aber auch dann, wenn eine wichtige Entscheidung ansteht oder ein Problem auftritt.

Es gibt keine festgelegten Regeln für eine Visionssuche, aber einen gewissen Rahmen, der sich bewährt hat.

Eine kurze Visionssuche dauert einen Tag und wenn möglich eine Nacht, die klassische Suche dauert drei Tage und drei Nächte in der Natur. Dazu kommt noch eine Vor- und Nachbereitungszeit von bis zu zehn Tagen. Ob Sie in der Zeit der Visionssuche fasten möchten oder nicht, liegt ganz bei Ihnen. Die ganz strikte Version der Suche sieht bis zu sechs Tage ohne Nahrung und ohne Wasser und nur mit einer Decke zum Schutz vor (ansonsten ist man nackt) – das würde ich Ihnen allerdings auf gar (!) keinen Fall empfehlen. Auch wenn Deprivation, also der Entzug von Reizen, und die biochemischen Veränderungen, die bei Essens- oder Schlafentzug auftreten, einen Teil der Wirkung der Visionssuche ausmachen, so reicht es aus meiner Erfahrung aus, so viel zu essen dabei zu haben, dass man keinen Hunger hat, und natürlich reichlich Wasser. Und was das Frieren anbelangt – ich habe immer Wärmepads dabei. Ich kann mich nämlich nicht mehr auf mich oder die Natur konzentrieren, wenn ich stark unterzuckert bin oder komplett durchgefroren. Insgesamt gilt aber: Je mehr an Bewusstsein, Aufmerksamkeit und vielleicht auch das Opfern von Bequemlichkeit Sie investieren, desto mehr werden Sie von Ihrer Visionssuche profitieren. Denn ein Aspekt dabei ist ja, dass wir uns außerhalb unserer „Komfortzone" begeben und, im wörtlichen Sinne, Neuland betreten.

Im Folgenden möchte ich Ihnen einige Vorschläge zur Vorbereitung und Durchführung einer Visionssuche geben, die Sie natürlich jederzeit nach Ihren Bedürfnissen abwandeln können.

Vorbereitung

Klären Sie im Vorfeld folgende Fragen oder Punkte:
Möchten Sie Ihre Visionssuche in der Gruppe oder alleine durchführen, organisiert oder selbstständig? Es gibt einige Anbieter, die geführte und begleitete Visionssuchen, sogar in Deutschland anbieten (die meisten finden in wärmeren Klimata wie den Kanaren, Kroatien oder Nordafrika statt). Der Vorteil einer solchen Visionssuche ist die Begleitung und der systematische Aufbau, der auch die Vor- und Nachbereitung umfasst. Nachteile können aus meiner Sicht sein, dass man terminlich festgelegt ist, dass die ganze Reise bis zu drei Wochen dauern kann, dass diese Reisen oft relativ teuer sind und man sich eventuell der Gruppendynamik nicht entziehen kann (die allerdings auch wichtiger Teil der Visionssuche und der Antwort sein kann).

Wenn Sie sich dafür entscheiden, Ihre Visionssuche selbst zu organisieren, dann sind Sie zeitlich flexibler, können sich den Ort selbst aussuchen und sich entscheiden, ob und wen Sie dazu einladen. Nachteile können sein, dass weniger Begleitung und Betreuung da ist und man normalerweise nicht so viel Zeit für die Vor- und Nachbereitung veranschlagt.

Sollten Sie sich dafür entscheiden, Ihre Visionssuche ganz alleine durchzuführen, dann sagen Sie auf jeden Fall jemandem Bescheid, wo genau Sie sind und von wann bis wann Sie sie durchführen. Ich habe meine beiden Visionssuchen alleine gemacht, kenne aber meine Grenzen gut und fühle mich im Wald sehr wohl. Ein Vorteil dieser

Art der Visionssuche ist, dass sie wahrscheinlich noch intensiver ist, weil man wirklich allein und ganz auf sich gestellt ist, ein Nachteil ist sicher der Sicherheitsaspekt, sowohl physisch als auch emotional und psychisch. Entscheiden Sie selbst, was für Sie möglich und sinnvoll ist, überfordern Sie sich dabei aber auch nicht – bei einer Visionssuche ist, wie gesagt, die innere Einstellung sehr viel wichtiger als die äußeren Rahmenbedingungen. Die Hinweise im Folgenden beziehen sich auf den Fall, dass Sie selbstständig eine Visionssuche durchführen möchten. Sollten Sie sich für eine organisierte Suche entscheiden, sind diese Punkte bereits geklärt.

Überlegen Sie sich, wie lange und wann Sie Ihre Visionssuche durchführen möchten. Von der Zeitdauer her sollte es wenn möglich mindestens einen Tag und eine Nacht sein, am besten haben sich drei Tage und Nächte bewährt. Dieser Zeitraum ist lange genug, um wirkliche Veränderungen zu ermöglichen, aber nicht so lange, dass man komplett aus dem alten Leben herausfällt. Für die erste Visionssuche sind aber auch ein Tag und eine Nacht schon ein sehr guter Zeitraum. Entscheiden Sie dann, wann Sie Ihre Visionssuche durchführen möchten – beziehen Sie dabei die Jahreszeit, das Klima und die Wochentage mit ein. In unseren Breiten sollte eine gewisse Grundtemperatur gegeben sein, weil Sie dadurch, dass Sie sich nicht aus Ihrem Steinkreis herausbewegen (s.u.), schneller auskühlen. Vorteile einer Visionssuche, die unter der Woche stattfindet, sind z. B. weniger Wanderer und Spaziergänger, Nachteile sind mögliche Waldarbeiten in der Nähe.

Suchen Sie sich dann einen Platz für Ihre Visionssuche. Es sollte kein Naturschutzgebiet und auch kein Gebiet sein, das stark bejagt wird. Es gibt in Deutschland einige Gebiete, die sich dafür gut eignen, Sie können sich aber auch ein waldiges Gebiet in der Nähe Ihres Wohnortes aussuchen. Wenn Sie sich für ein bestimmtes Gebiet entschieden haben, dann suchen Sie, entweder vorher oder am Tag der Visionssuche selbst, den genauen Ort für Ihren Aufenthalt aus. Dazu finden Sie im Folgenden noch Hinweise und Tipps. Im Allgemeinen sollte dieser Platz folgende Kriterien erfüllen: Er sollte ruhig, warm, geschützt, in der Nähe eines Weges, aber von diesem nicht einsehbar und relativ flach sein (damit Sie im Schlaf nicht ständig nach unten oder zur Seite rutschen). Weitere Vorteile (aber natürlich nicht unbedingt erforderlich) sind ein Baum innerhalb Ihres Kreises zum Anlehnen bzw. zum Festmachen eines Tarps (Plane oder Sonnen- bzw. Regenschutz) und ein Baumstumpf oder etwas anderes, auf dem Sie sitzen können.

Rufen Sie dann beim zuständigen Forstamt oder Besitzer an, um sich eine Genehmigung zu holen. Manchmal muss man eine kleine Nutzungsgebühr bezahlen, die Forstämter bzw. Revierförster, mit denen ich zu tun hatte, waren ansonsten aber sehr unkompliziert und offen.

Entscheiden Sie sich dann, ob Sie fasten möchten oder nicht und besorgen Sie sich Ihre nötige Ausrüstung.

Die innerliche Vorbereitung auf Ihre Visionssuche kann beinhalten, dass Sie im Vorfeld fasten und sich intensiv mit der oder den Fragen beschäftigen, die Sie bei der

Visionssuche klären möchten, z. B. indem Sie einige oder alle Übungen in diesem Buch machen. Sie können aber auch Ihren momentanen Ist-Zustand beschreiben („Wo stehe ich gerade in den verschiedenen Bereichen meines Lebens?"), Ihre Frage oder Fragen genau definieren und, wenn Sie das schon wissen, sagen, welche Dinge, Eigenschaften, Überzeugungen, Situationen usw. Sie loslassen möchten.

Im Folgenden finden Sie einen Vorschlag für eine Packliste, die Sie natürlich, je nach Ihren Bedürfnissen, ergänzen können.

Packliste:

- Notfallhandy (Empfang?, Akku?, Guthaben?)
- Zelt oder Tarp
- Unterlage, Isomatte
- Schlafsack
- Decke
- Kissen
- Rucksack
- Tüte, Toilettenpapier, Schaufel
- Zeckenschutz, Mückenschutz, Pinzette mit Lupe
- Blaue oder schwarze Müllsäcke (haben mir schon oft gute Dienste geleistet, ob als Unterlage, als Regenschutz für den Rucksack oder als Abdichtungsplane für undichte Stellen im Zelt oder Tarp)
- Wärmepads
- bequeme, an die Witterung angepasste Kleidung
- 2 Paar Schuhe

- Taschenlampe, Batterien (überprüfen)
- Heft, Stift
- Messer, Schweizer Taschenmesser
- Handtuch
- Zahnbürste, Zahnpasta usw.
- Klebeband
- Umgebungskarte
- Ohropax
- Regenponcho
- Sitzunterlage
- Kompass
- Wasser / Proviant

Die eigentliche Visionssuche

Einen Platz suchen

Die beste Methode, sich einen guten Platz für Ihre Visionssuche zu suchen, besteht darin, sich wie bei der Medizin-Wanderung buchstäblich mit dem Herzen oder dem Solarplexus hinziehen zu lassen. Stellen Sie sich dafür an den Rand des Gebietes, das Sie sich ausgesucht haben, schließen Sie die Augen und verlagern Sie Ihre Aufmerksamkeit vom Kopf in den Bereich des Herzens bzw. des Solarplexus. Drehen Sie sich einmal um 360° Grad und achten Sie darauf, wo Sie eine Reaktion spüren bzw. wo es Sie hinzieht, und gehen Sie dann in diese Richtung. Immer, wenn Sie unsicher sind, schließen Sie wieder die Augen und achten erneut darauf, wohin es

Sie jetzt zieht. Ich habe gelernt, auf dieses „Radar" zu vertrauen, weil unser bewusster Verstand eine viel zu geringe Datengrundlage hat, um eine so komplexe Entscheidung zu treffen. Ihre Gesamtintelligenz kann auf eine viel größere Datengrundlage zurückgreifen, was bei komplexen Entscheidungen immer die bessere Wahl ist. Wenn Sie einen guten Platz gefunden haben, dann fragen Sie den Platz um Erlaubnis, hier drei Tage und Nächte sein zu dürfen und bitten Sie um Unterstützung.

Den Platz vorbereiten

Bereiten Sie nun Ihren Platz vor, Ihr Zuhause für die nächsten Tage. Bestimmen Sie als Erstes den Umkreis, den Ihr Steinkreis haben soll. Er sollte so groß sein, dass Sie bequem dort sitzen und schlafen können, also mindestens 2,5 Meter im Durchmesser.

Säubern Sie dann den Boden von allen kleinen Steinen und Ästen. Suchen Sie nun die Steine für Ihren Steinkreis aus – Sie brauchen vier große für jede der Haupthimmelsrichtungen und viele kleine für den Kreis, der die vier Hauptsteine verbindet. Suchen Sie zuerst einen Stein für den Osten, mit dem der Kreis begonnen wird. Wenn Sie einen Stein gefunden haben (am besten auch hier mit der Herz- oder Solarplexusmethode), dann fragen Sie ihn, ob er als Osten fungieren möchte. Wenn ja, dann heben Sie ihn auf, merken sich den Standort (damit Sie ihn nach der Visionssuche wieder zurückbringen können), und bringen ihn zu Ihrem Platz. Suchen Sie jetzt mit dem Kompass den Osten (von der Mitte Ihres Platzes aus gesehen), oder bestimmen Sie ihn anhand des Sonnenstandes und legen Sie den Oststein dorthin. Suchen Sie dann den Stein, der den Süden markiert, dann den Stein für den Westen und schließlich den Stein, der für den Norden bestimmt ist. Fragen Sie bei jedem Stein um Erlaubnis, merken Sie sich den Platz und legen Sie ihn dann in Ihren Kreis. Suchen Sie nun kleinere Steine für den Bogen zwischen den vier Hauptsteinen – hier ist es zwar wichtig, die Steine zu fragen, ob sie als Kreisstein fungieren möchten, Sie brauchen sich aber nicht jeden einzelnen Fundort zu merken. Lassen Sie nach dem Oststein eine Lücke als Eingangsbereich, durch den Sie Ihren Kreis betreten und verlassen. Die restlichen Steine sollten einen möglichst genauen, durchgehenden Kreis bilden. Wenn Sie fertig und mit Ihrem Steinkreis zufrieden sind, dann betreten Sie ihn über den Eingang im Osten, richten Sie sich ein und warten Sie – Ihre Visionssuche beginnt. Bei einer klassischen Visionssuche verlassen Sie Ihren Steinkreis für den von Ihnen festgelegten Zeitraum nur für den Gang zur Buschtoilette. Ansonsten sitzen, liegen oder schlafen Sie hier auf Ihren 2,5 mal 2,5 Metern.

Die eigentliche Visionssuche

Von nun an gibt es nichts mehr zu tun, nur zu sitzen und abzuwarten, was geschieht. Es ist am Anfang meist schwierig, von unserem normalen Aktivitätsmodus umzuschalten auf einen viel langsameren Seinsmodus. Deshalb ist die größte Herausforderung bei vielen Visionssuchen die Langeweile, die eine fast schon bedrohliche Dimension annehmen kann. Andere Herausforderungen, die aber immer mit zum Visionssuchprozess dazu gehören, sind Angst (Angst vor dem Wald, dem Alleinsein, Tieren, Gewitter usw.), Einsamkeit und der sogenannte „trail-shock" – ein Phänomen, das eigentlich jeder Mensch in der ersten Nacht in freier Natur erlebt. Wir horchen angestrengt auf jedes Geräusch und alles fühlt sich fremd und unvertraut an, das gibt sich aber mit jeder weiteren Nacht. Ein weiteres Problem, das ebenfalls oft zu dem Prozess dazugehört, ist die Enttäuschung. Wir haben unsere Visionssuche mit großen Erwartungen vorbereitet, viele Anstrengungen auf uns genommen und setzen uns tapfer unseren Ängsten und inneren Dämonen aus und dann passiert überhaupt nichts Großartiges – nur Regen und lähmende Langeweile. Auch das gehört dazu (es gibt natürlich auch Visionssuchen, in denen Unglaubliches geschieht, die meisten sind aber äußerlich eher unspektakulär).

All das wird Ihnen immer wieder Argumente liefern, warum es nur vernünftig ist, die Visionssuche vorzeitig abzubrechen. Geben Sie dem nicht nach (es sei denn, es geht wirklich nicht mehr oder Sie werden krank). Es ist ein unglaubliches Gefühl, wenn man trotz allem durchgehalten hat und am Ende stolz und voller Würde und neu gewonnener Selbstmacht die Visionssuche beschließt und aufhebt.

Die Visionssuche beenden

Wenn die Zeit Ihrer Visionssuche um ist, dann packen Sie alle Ihre Sachen zusammen, nehmen Sie alles mit, auch oder gerade den Müll, und verlassen Sie Ihren Kreis durch den Eingang im Osten. Bedanken Sie sich bei Ihrem Ort, bei allen Steinen Ihres Steinkreises und bei allen und allem, das Ihnen bei Ihrer Suche begegnet ist. Legen Sie nun die kleinen Steine wieder dorthin zurück, wohin jeder einzelne Stein möchte, und fragen Sie dann die vier großen, ausgehend vom Nordstein, ob sie liegen bleiben möchten oder Sie sie wieder an ihren alten Standort zurücklegen sollen. Machen Sie das auch mit dem West-, dem Süd- und schließlich mit dem Oststein.

Kommen Sie dann wieder in die Zivilisation und Ihre Alltagswelt zurück, und lassen Sie Ihre Suche in Ruhe auf sich wirken. Schreiben Sie auf, was Sie erlebt haben und, auch hier ganz wichtig, erzählen Sie einem oder mehreren Menschen Ihre Erlebnisse. Wie bei der Medizin-Wanderung entsteht oft auch hier erst in der Rückschau und im Erzählen eine Geschichte, in der die einzelnen Zeichen und Erlebnisse plötzlich einen Sinn ergeben. Ihre Geschichte sollte erzählt, aufgeschrieben und bezeugt werden, so können Zeichen in der Natur gedeutet werden und eine Antwort ergeben.

Tipps und Hinweise

Eine Visionssuche kann auch in der Nähe des eigenen Wohnortes, z. B. in einem versteckt liegenden Garten oder Privatpark, stattfinden – wichtig ist nur, dass Sie für die Zeit des Aufenthaltes ungestört sind.

Probieren Sie auf jeden Fall am Anfang Ihrer Visionssuche, ob Ihr Notfallhandy an dieser Stelle Empfang hat. Kennen und achten Sie Ihre eigenen Grenzen, geben Sie aber auch nicht zu früh auf.

Alles, was in dem Jahr nach der Visionssuche passiert, hat damit zu tun.

Da ich in der Welt der Zecken als Delikatesse gelte, habe ich viele Mittel zum Zeckenschutz ausprobiert – wovon ich begeistert bin, ist das homöopathische Mittel Xodex. Hier werden die Globuli nicht eingenommen, sondern nur bei sich getragen, was ich sehr angenehm finde.

9. Das eigene Märchen

Für viele Menschen ge-
hören Märchen zu den
frühesten Kindheitserin-
nerungen. Märchen prä-
gen uns, formen Werte
und die Vorstellung von

Recht und Unrecht, Gut und Böse. Und sie haben
etwas Geheimnisvolles, manchmal Dunkles und unter der fröhlichen Oberfläche Ernstes und Großes.
Märchen sind archetypische Geschichten, die tiefe
Schichten in uns ansprechen, sie sind die Mythen
unserer mythenarmen Zeit. Nachdem Märchen
viele Jahre als „unmodern" galten und zuerst den
antiautoritären Erziehungsidealen der frühen 70er-
Jahre und dann den mediengeprägten 80er- und
90er-Jahren widersprachen, kann man jetzt wieder
eine Renaissance dieser alten zeitlosen Geschichten
feststellen. Dazu hat sicher auch die Beachtung,
die den Märchen in der Psychologie zukommt (z. B.
durch den Theologen und Psychoanalytiker Dr. Eugen

Drewermann), eine Rolle gespielt, ebenso die Verbindung von Märchen mit einem europäischen Schamanismus.

Vor allem aber sind Märchen sehr gut dafür geeignet, um sich selbst und der eigenen Lebenslinie auf die Spur zu kommen. Dafür gibt es drei verschiedene Möglichkeiten:

1. Schreiben Sie Ihr eigenes Lebensmärchen.
2. Schreiben Sie Ihr eigenes Lebensmärchen, wobei Sie die im Folgenden erläuterte Struktur, die Bestandteile und Fragestellungen verwenden können.
3. Suchen Sie sich ein Märchen, das zu Ihnen und Ihrem Lebensweg passt, das Ihre Sehnsucht und Lebensausrichtung beschreibt.

Ein eigenes Märchen zu schreiben, ist etwas Großes und Tiefes. Es verbindet uns mit einer tieferen Schicht, in der sich unsere innere Mythologie befindet. Wenn Sie sich auf diesen alten Weg machen, werden Sie viele Erkenntnisse und Aha-Erlebnisse haben und einen tieferen Zugang erhalten zu Ihrem Lebensstrom unter der Oberfläche des alltäglichen Lebens. Es lohnt sich also auf jeden Fall, auch wenn es etwas Mühe und Zeit kostet. Aber auch das Suchen nach einem für Sie passenden Märchen ist ein guter Weg und Sie werden hier vieles Überraschendes entdecken.

Erläuterungen zu 1 und 2:
Wenn Sie Ihr eigenes Märchen schreiben möchten, ob nun ganz frei oder mithilfe der folgenden Bestandteile, dann ist es wichtig, dass Sie nicht „real" schreiben, sondern archetypisch. Überlegen Sie also nicht, ob Sie in Wirklichkeit die jüngste Tochter oder das mittlere Kind sind, sondern was sich richtig „anfühlt". Es geht nicht um die Realität, sondern um Ihre innere Wirklichkeit. Wenn Sie spontan antworten und später schreiben, dann gelingt Ihr Märchen am besten. Spielen Sie einfach mit den Bestandteilen, so lange, bis es sich richtig anfühlt.

Erläuterungen zu 2:
Wenn Sie Ihr eigenes Märchen schreiben möchten, dann können Sie sich im Vorfeld folgende Fragen stellen bzw. die Bestandteile Ihres persönlichen Mythos bestimmen: Ein gutes Märchen ist immer gleichzeitig auch ein Mythos, also eine zeitlos gültige, universelle Geschichte, die ein Welt- und Selbstverständnis beschreibt, aber auch formt.
Nehmen Sie sich für jeden der Akteure und Stationen auf dem Weg Zeit, so lange, bis sich alles richtig anfühlt, bevor Sie anfangen zu schreiben.

Erläuterungen zu 3:

Wenn Sie sich dafür entschieden haben, kein Märchen zu schreiben, sondern sich ein Märchen aus den überlieferten auszusuchen, das zu Ihnen und Ihrem Lebensfaden passt, dann können Sie sich folgende Fragen stellen:

Was war oder ist Ihr Lieblingsmärchen? Warum? Ist es die Stimmung, das Grundgefühl der Geschichte? Oder bestimmte moralische oder ethische Aussagen? Wie passt das zu Ihren Werten? Sagt das Märchen etwas über Ihren inneren Weg? Welcher Schatz für Sie liegt darin verborgen? Welche Botschaft hat das Märchen für Sie ganz persönlich?

Meine persönlichen Lieblingsmärchen sind „Die Bienenkönigin", „Frau Holle" und „Die Bremer Stadtmusikanten", und ich sehe in allen Dreien gewisse Gemeinsamkeiten bzw. einen roten Faden. Jedes einzelne Märchen hat aber auch noch eigene Botschaften, die wichtig für mich sind.

Bestandteile eines Mythos

Akteure

Jeder Mythos hat Akteure, von denen der wichtigste der Held oder die Heldin ist, also Sie. Mit Held oder Heldin ist dabei nicht jemand gemeint, der alle Situationen von vornherein souverän meistert (dann bräuchten wir keine Geschichte, in der sich die Dinge und Fähigkeiten ja oft erst durch Prüfungen entwickeln), sondern einfach eine Hauptperson, aus deren Sicht die Geschichte erlebt wird.

Beschreiben Sie sich als Hauptperson, als Held oder Heldin. Sind Sie mutig oder eher ängstlich? Was ist Ihr besonderes Talent? Die meisten Helden eines Mythos haben eine sogenannte „Verwundung" – welche Verwundung haben Sie (als Hauptperson Ihres Märchens)? Eine Verwundung kann z. B. sein, dass unsere Hauptperson eine Waise ist, ein Stiefkind oder ausgesetzt wurde, sie kann aber auch einfach nur darin bestehen, dass Sie abenteuerlustig sind und Ihnen Ihre bisherige Welt zu eng wird.

Sehen wir uns jetzt Ihre weiteren Eigenschaften an: Sind Sie abenteuerlustig oder verwurzelt? Wie sind Ihre Lebensumstände generell? Ist vielleicht gerade ein Lebensabschnitt zu Ende (z. B. die Ausbildungszeit)? Sind Sie ein Mann oder eine Frau (und denken Sie daran, dass es hier nicht um eine Beschreibung Ihres alltäglichen, „realen" Lebens geht, sondern dass Sie frei sind, Ihre innere Welt zu beschreiben)? Welches Alter haben Sie? Welche soziale Stellung? Wie ist Ihre familiäre Situation? Sind Sie Kind oder haben Sie Kinder? Welche Position haben Sie innerhalb Ihrer Geschwister – sind Sie das jüngste Kind, das mittlere oder das älteste Kind, oder sind Sie Einzelkind?

Die meisten Mythen haben neben der Hauptperson auch einen Gegenspieler oder Bösewicht (hier sind ausdrücklich auch Gegenspielerinnen gemeint). Hat Ihr Märchen einen Gegenspieler? Ist er böse? Welche Verwundung hat Ihr Gegenspieler? Ist er stark und mächtig? Worin besteht seine Macht über Sie oder andere? Ist er klug? Hat er auch gute Seiten oder Eigenschaften? Was ist sein Ziel?

In vielen Märchen hat der Held, die Heldin einen Gefährten oder Verbündeten. Haben Sie einen? Ist es ein Mensch, ein Tier, eine Pflanze oder ein Element oder Teil der Natur (z. B. Wind)? Ist Ihr Gefährte schon von Anfang an bei Ihnen oder kommt er erst später zu Ihnen? Müssen Sie sich das Vertrauen oder die Treue Ihres Gefährten erst durch etwas verdienen oder haben Sie beides schon? Was kann Ihr Gefährte besonders gut? Was schätzt er an Ihnen? Verlieren Sie Ihren Gefährten im Lauf des Märchens? Ist das Teil der Aufgabe?

Der Ablauf

Sehen wir uns jetzt Ihre eigentliche Reise an. Jeder Mythos, jedes Märchen besteht aus folgenden Stationen:

- der Ruf des Abenteuers
- dem Ruf folgen
- über die Schwelle in den Wald, die Initiation
- der Weg der Prüfungen, die Aufgabe
- die Heimreise, die Rückkehr nach Hause

Sehen wir uns die einzelnen Stationen nun etwas genauer an.

1. Der Ruf des Abenteuers

Jede Geschichte, jedes Märchen und jeder Mythos beginnt mit einem Ruf – z. B. der Verlust der Spindel bei Frau Holle oder das Verjagtwerden bei den Bremer Stadtmusikanten. Wie werden Sie zu Ihrem Abenteuer gerufen? Entscheiden Sie sich selbst dafür oder passiert etwas, das Sie aus Ihrer gewohnten Alltagswelt herausnimmt? Möchten Sie etwas vermeiden oder auf etwas zugehen – im ersten Fall z. B. die Bestrafung durch die Stiefmutter, im zweiten der Wunsch, das eigene Glück zu finden?

2. Dem Ruf folgen

Sie haben nun den Ruf „gehört" und brechen auf aus Ihrer vertrauten Alltagswelt. Mit welchem Gefühl tun Sie das? Ist es Trauer über das Zurückgelassene, Verlorene? Oder Freude und Aufregung über das Neue und Unbekannte, das Sie erwartet? Was geschieht auf Ihrem Weg? Wem oder was begegnen Sie? Lernen Sie hier schon etwas? Müssen Sie Aufgaben bewältigen? Ist Ihr Gefährte bei Ihnen?

3. Über die Schwelle in den Wald, die Initiation

Irgendwann auf Ihrem Weg treten Sie über eine sichtbare oder unsichtbare Schwelle. Im Mythos ist dies der Wald, er steht aber auch für jede andere Welt, in der Sie die Regeln nicht kennen und neu lernen müssen. Dieser

Übergang ist eine Initiation, so wie der Übergang vom Kind zum Erwachsenen. Was ist Ihre Schwelle? Was unterscheidet diese Welt von der Ihnen vertrauten? Welche neuen Regeln gelten hier? Was lernen Sie? Haben Sie Unterstützung oder lernen Sie alleine? Ist Ihr Gefährte bei Ihnen? Wer oder was waren Sie vorher, und wer oder was sind Sie jetzt?

4. Der Weg der Prüfungen, die Aufgabe

Jetzt kommt die Prüfung oder Aufgabe. Das kann eine Aufgabe sein, die Ihnen gestellt wird, ein Test oder eine Prüfung. Es kann aber auch eine Form des Todes und der Wiedergeburt sein – Goldmarie fällt bei Frau Holle z. B. in einen tiefen Brunnen und kommt auf der anderen Seite in einer schönen Landschaft wieder heraus. Oder es ist die Konfrontation mit dem Gegner, dem Bösen. Folgen Sie dem Weg der Prüfungen.

Worin besteht die Prüfung? Gibt es eine oder mehrere? Gibt es den Bösewicht? Was ist die Aufgabe? Was ist das Besondere an der Aufgabe? Müssen Sie eine Angst oder etwas Altes in sich dafür überwinden? Haben Sie Hilfe und Unterstützung von außen? Sind Ihre eigenen Fähigkeiten gefragt oder die Lösung? Wie böse ist der Gegenspieler? Welches Ziel hat er? Was mag er nicht an Ihnen? Was mag oder schätzt er an Ihnen? Schätzen Sie etwas an ihm? Wie läuft die Konfrontation ab? Wie sind die Machtverhältnisse? Was ist Ihre Lösung? Wie löst sich die Situation auf? Was haben Sie gelernt, was ist neu? Wie fühlen Sie sich jetzt? Was ist mit dem Gegenspieler geschehen? Wie geht es Ihrem Gefährten? Begleitet er Sie auf Ihrem Rückweg?

5. Die Heimreise, die Rückkehr nach Hause

Bei jeder Geschichte ist es wichtig, dass es eine Rückkehr zur Alltagswelt gibt, zurück in die Normalität mit dem Gelernten und Erfahrenen.

Ist der Rückweg der gleiche wie der Hinweg? Wie haben Sie sich verändert? Wie sieht Ihre Zukunft aus? Was sind Ihre Wünsche und Ziele? Was haben Sie gelernt? Was hat die Welt durch Sie und Ihr Abenteuer gelernt?

Schreiben

Jetzt, nachdem alle oder zumindest die wichtigen Fragen beantwortet sind, geht es an das Schreiben. Nehmen Sie sich dafür ausreichend Zeit und haben Sie Freude dabei – es soll etwas Fließendes, Spielerisches sein. Und versuchen Sie nicht, auf Anhieb das perfekte Märchen zu erschaffen. Wenn es Ihnen den eigenen Erwartungsdruck nimmt, dann schreiben Sie zuerst einen groben Entwurf, den Sie dann nach und nach verändern, ausarbeiten und verbessern.

Für den Beginn des Märchens gibt es die folgenden bewährten Formeln, Sie können aber natürlich auch jeden anderen Anfang, der Ihnen gefällt und sich richtig anfühlt, verwenden.

Anfänge

- Es war einmal ...
- Zu einer Zeit, als Wünschen noch geholfen hat ...
- In den Zeiten, als Tiere noch sprachen, wie es jetzt die Felsen tun ...

Der erste Anfang ist der uns bekannte, vertraute Anfang vieler Grimmscher Märchen. Der zweite wird in der Literatur manchmal als der ursprüngliche Beginn dieser Märchen vor ihrer Überarbeitung genannt, ich habe aber noch keinen wirklichen Beleg dafür gefunden. Trotzdem finde ich ihn sehr inspirierend. Mit der dritten Formel fangen oft balearische Fabeln an und er ist mein persönlicher Favorit.

Hier, als kurze Erinnerung, der Verlauf der Reise noch einmal in Kurzform:

- Der Aufbruch aus der Alltagswelt
- Die Initiation im mystischen Wald, die Prüfung, die Aufgabe
- Die Rückkehr nach Hause

Tipps und Hinweise

Stellen Sie nicht zu früh Bezüge zu Ihrem jetzigen Leben her – lassen Sie Ihr Märchen erst auf sich wirken.

Sie können auch mehrere Märchen schreiben, falls Sie Freude daran haben und es sich richtig anfühlt. Wenn Sie möchten, können Sie später alle Märchen miteinander

vergleichen und sich überlegen, ob es einen roten Faden in allen Geschichten gibt (z. B. Mut oder Klugheit oder das Helfen oder die Unterstützung von Tieren).
Beantworten Sie diejenigen Fragen, die Sie ansprechen. Wenn Sie einen Widerwillen oder eine spontane Abneigung gegen eine bestimmte Frage haben, dann beschäftigen Sie sich ausführlicher damit.

10. Systemik – Aufstellung der Lebensaufgabe

Eine gute Methode, um das Thema Lebensaufgabe greif- und sichtbar zu machen (und auch, um zu erkennen, ob und was uns auf dem Weg dorthin blockiert), ist, es als Bild oder Struktur darzustellen. Viele von Ihnen kennen wahrscheinlich „große" Aufstellungen mit vielen Personen, die als Stellvertreter ein

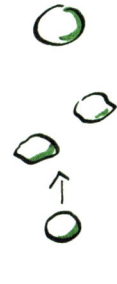

System darstellen – das kann eine Familie, eine Firma oder Abteilung, aber auch die Organe im Körper oder ein abstraktes Thema wie „Heimat" sein. Es geht aber auch „kleiner", Sie können also zu Hause mit Gegenständen oder Stühlen jedes beliebige Thema sichtbar machen und damit arbeiten.

Die Wirkungsweise einer systemischen Aufstellung beruht dabei auf mehreren Faktoren: Zum einen macht sie Strukturen sichtbar; das kann gerade bei sehr komplexen oder verworrenen Themen oder Situationen sehr hilfreich sein oder dann, wenn uns ein Thema noch gar nicht so richtig bewusst ist. Zum zweiten macht es die Aspekte deutlich, die an dem Thema oder Problem beteiligt sind. Bei vielen Aufstellungen merkt man, dass ein Faktor fehlt – das kann auch etwas Abstraktes wie „Unterstützung" oder „die Lösung" sein –, oder dass Faktoren nicht wirklich dazugehören oder unwichtig sind. Zum dritten ist die Position der einzelnen Aspekte im Raum sehr aufschlussreich – was steht isoliert, was ist sich zu nah, was ist außerhalb des Aufstellungsraumes. Am besten nimmt man diese Informationen zuerst über das Betrachten der Struktur auf und dann, indem man sich an den Platz des entsprechenden Aspektes stellt. Es ist erstaunlich, wie sehr sich die Wahrnehmungen an den unterschiedlichen Plätzen und Aspekten voneinander unterscheiden.

Ein mögliches Erklärungsmodell dafür, warum wir an den unterschiedlichen Positionen Zugriff auf Informationen zu bzw. über einen Aspekt bekommen, bietet die Theorie der morphischen oder morphogenetischen Felder des Biologen Rupert Sheldrake. Nach Sheldrakes Erkenntnissen befinden sich diese Informationen in einem Informationsfeld, und die Stellvertreter fungieren als Antennen für die entsprechenden Informationen.

Aufstellen lassen sich im Prinzip alle Themen, Probleme, Strukturen oder Situationen. Wenn es um den großen Bereich von Lebensaufgabe und -sinn geht, schlage ich Ihnen folgende Themen vor:

- Lebensaufgabe / Ziel: Was ist meine Lebensaufgabe, was mein Lebensziel?
- Herzenswunsch / -wünsche: Was ist mein Herzenswunsch, sind meine Herzenswünsche?
- Ist-Situation: Wie ist meine momentane Situation? Was fehlt hier (noch)?
- Fähigkeiten, Stärken, Potenziale: Was sind meine Fähigkeiten, Stärken und Möglichkeiten? Was ist offen, was noch verborgen?

Ich möchte Ihnen eine mögliche Vorgehensweise am Beispiel einer Aufstellung zum Thema „Was ist meine Lebensaufgabe?" vorstellen. Nehmen Sie sich für eine Aufstellung Zeit und sorgen Sie dafür, dass Sie Ruhe und einen geeigneten Raum für die Aufstellung haben. Am besten lassen sich Aufstellungen in einem Raum mit ausreichend freier Bodenfläche machen, es geht aber auch auf einem Tisch oder einer anderen freien Fläche (hier müssen dann nur die Stellvertreter entsprechend der Größe der verfügbaren freien Fläche gewählt werden). Sie sollten sich in dem Raum wohlfühlen und es wäre schön, wenn er eine besondere Atmosphäre für Sie hat.

Schritt 1

Wählen Sie ein Thema aus oder formulieren Sie ein Anliegen oder eine Frage, z. B.: „Was ist meine Lebensaufgabe?"

Schritt 2

Definieren Sie nun Ihren Aufstellungsraum, also die Fläche, die Ihnen als Rahmen für die Aufstellung dienen soll, und bestimmen Sie die Auslegerichtung.

Schritt 3

Wählen Sie aus Ihren Stellvertretern (Kissen, Decken, Gegenstände, Steine, Stühle oder dafür hergestellte Hilfsmittel, z. B. aus bunten Pappen ausgeschnittene Formen wie Kreise, Dreiecke oder Quadrate) zuerst einen für sich selbst aus. Legen Sie diesen dann an einen Ort, der sich spontan stimmig für Sie anfühlt. Sie können gerne ausprobieren oder korrigieren, falls Sie noch nicht ganz damit zufrieden sind.

Schritt 4

Wählen Sie nun einen Stellvertreter für „meine Lebensaufgabe" und legen Sie ihn dorthin, wo es sich für Sie richtig anfühlt. Gibt es mehr als eine Aufgabe? Wenn ja, dann wählen Sie einen oder mehrere weitere Stellvertreter aus und legen Sie sie im Bezug auf die ersten beiden Stellvertreter aus. Auch hier können Sie wieder so lange korrigieren, austauschen oder verändern, bis es sich richtig anfühlt.

Schritt 5

Gibt es noch weitere Aspekte zu diesem Thema? Gibt es Blockaden, Einwände oder Hindernisse, die Sie davon abhalten, Ihre Aufgabe zu sehen oder zu leben? Fehlt noch etwas oder muss noch etwas ergänzt werden? Ergänzen Sie alles, was noch zu Ihrem Thema dazugehört, und positionieren Sie es so, dass es sich richtig und vollständig anfühlt. Notieren Sie dann dieses Anfangsbild.

Schritt 6

Treten Sie nun zurück und betrachten Sie Ihre Aufstellung in Ruhe. Sehen Sie sich die einzelnen Stellvertreter an – welche Größe, Farbe oder Form haben Sie gewählt? Wie ist die Ausrichtung im Raum (z. B. zu Ihnen bzw. Ihrem Stellvertreter gewandt oder nach außen blickend), und wie ist der Bezug zu den anderen Aspekten? Sagt Ihnen das etwas?

Schritt 7

Gehen Sie nun zu den einzelnen Stellvertretern und nehmen Sie wahr, was und wie Sie sich dort fühlen. Wie steht das in Zusammenhang mit dem Aspekt, für den der Stellvertreter steht? Wie fühlt sich die Lebensaufgabe an? Bekommen Sie eine Idee, was es genau sein könnte? Wie geht es Ihnen an Ihrem Platz? Und wie fühlen sich die Hindernisse, Blockaden oder Einwände an? Können Sie spüren, wofür sie stehen und was ihre Botschaft oder Befürchtung ist?

Schritt 8

Für den nächsten Schritt, die Veränderung oder Lösung, gibt es zwei Möglichkeiten, die Sie auch miteinander kombinieren können.

Wenn Sie mit einer Technik wie EFT oder Quantenheilung vertraut sind, dann können Sie direkt bei jedem Stellvertreter Ängste, Druck oder andere Emotionen lösen, so lange, bis sich der Stellvertreter entspannt und frei anfühlt.

Wenn alles, was sich lösen lässt, gelöst ist bzw. wenn Sie keine der Techniken anwenden möchten, dann verändern Sie nun das Bild, und zwar so lange, bis es sich besser oder „runder" anfühlt. Sie können dafür etwas wegnehmen und an eine andere Stelle legen (ganz herausnehmen wird es sich ohne Lösungstechniken wie EFT oder Quantenheilung erfahrungsgemäß nicht lassen), eine andere Farbe dafür wählen oder seine Ausrichtung in Bezug auf Ihren Stellvertreter ändern. Manchmal ist es auch sehr hilfreich, noch „Die Lösung" oder „Unterstützung" in Form eines Stellvertreters dazuzulegen. Arbeiten Sie so lange mit der Struktur Ihres Themas, bis ein stimmiges Endbild entsteht, mit dem Sie sich wohlfühlen.

Schritt 9

Notieren Sie sich schließlich das Endbild und lösen Sie dann Ihre Aufstellung wieder auf, indem Sie die Stellvertreter an ihren ursprünglichen Platz zurückstellen.

Tipps und Hinweise

Probieren Sie Ihre Aufstellung einmal mit mehreren Stühlen. Das hat den Vorteil, dass Sie sich eine Weile dorthin setzen und die Informationen in Ruhe auf sich wirken lassen können.

Es gibt auch die Möglichkeit, die Aspekte Ihres Themas auf Karteikarten zu schreiben und diese dann verdeckt auf den Boden zu legen. Gehen Sie nun auch wieder zu jeder einzelnen Karteikarte und nehmen Sie wahr, was Sie dort spüren – fühlt es sich leicht oder schwer, angenehm oder unangenehm an? Drehen Sie die Karten dann zum Schluss um und vergleichen Sie, bei welchem Aspekt Sie was wahrgenommen haben (diese Art der Aufstellung eignet sich besonders gut, um mehrere Möglichkeiten objektiv miteinander zu vergleichen).

Wenn Sie sich zwischen zwei oder mehr Möglichkeiten entscheiden möchten, dann ist ein Stellvertreter für „etwas anderes" bzw. „etwas Besseres" sehr hilfreich, denn manchmal ist es weder A noch B, sondern C.

Nehmen Sie, wie gesagt, nichts heraus, was noch nicht wirklich gelöst ist. Fragen Sie stattdessen lieber „Was bräuchte es, um dieses Problem zu lösen?" oder „Was bräuchte dieser Aspekt, diese Blockade usw., um sich wohler zu fühlen?", und legen Sie das, was es bräuchte, in das Bild.

Manchmal brauchen wir einen Impuls von außen, um klarer zu sehen, wohin wir möchten. Hier gibt es unzählige Möglichkeiten, die von Systemen wie der 9-Ki-Astrologie über die Numerologie – die oft er-

staunlich hilfreich und treffsicher sind –, bis hin zur Steinheilkunde reichen. Ich möchte Ihnen hier zwei Möglichkeiten aus der Pflanzenwelt vorstellen, die mir sehr nahe sind.

Beides sind Blüten- bzw. Pflanzenessenzen, einmal bereits fertig und einmal zum selbst herstellen. Pflanzenessenzen beruhen (wie alle Essenzen) auf dem homöopathischen oder Informationsübertragungsprinzip. Das heißt, dass das Wesen und die Heilkraft einer Pflanze in ein Trägermedium – in diesem Fall Wasser – übertragen wird. Dieses Wasser wird dann mithilfe von Alkohol oder Salzsole haltbar gemacht und bei Bedarf eingenommen. Der englische Arzt Edward Bach ist einer der Pioniere dieser Methode und seine sogenannten „Bachblüten" waren die ersten Essenzen dieser Art. Sie sind bis heute weit verbreitet und werden häufig und mit viel Erfolg angewendet.

Zum Thema „Lebensaufgabe" hat Edward Bach die Waldtrespe entdeckt, im Englischen *Wild Oat*. Sie hilft bei Unentschiedenheit, bei Schwierigkeiten, die eigene Lebensaufgabe zu finden, bei Unzufriedenheit mit der eigenen Lebenssituation und bei unklaren Zielvorstellungen. Wenn sie greift (nicht bei jedem Menschen, der seine Lebensaufgabe noch nicht kennt oder unentschieden ist, ist die Waldtrespe die richtige Blüte), dann hilft sie dabei, das eigene Potenzial zu erkennen und in Handlung umzusetzen, klare Zielvorstellungen zu entwickeln und sich selbst zu verwirklichen.

Eine zweite, für mich die noch effektivere, da individuellere Möglichkeit, ist es, die eigene Seelenpflanze zu finden und ihre Information in Form einer Pflanzenessenz einzunehmen.

In vielen Kulturen gehören Menschen nicht nur einer Menschenfamilie an, sondern auch einer Pflanzen- und Tierfamilie. Viele Gesellschaften haben ein sogenanntes Totem, meistens ein Tier, das der Ahne oder die Ahnin einer Familie oder eines Clans ist. Ich persönlich sehe es eher als ein Freundschaftsnetz, das sich mit den Jahren erweitert und das ich pflege und sehr schätze und das mich unterstützt. Aus quantenphysikalischer Sicht ist alles, jedes Lebewesen, aber auch jeder Gegenstand, ein

Informationsfeld mit einer Masse. Aus dieser Sichtweise wird es wesentlich verständlicher und „normaler", mit Pflanzen oder Tieren zu kommunizieren – sozusagen von Informationsfeld zu Informationsfeld.

Deshalb möchte ich Ihnen hier eine Möglichkeit vorstellen, Ihre „Seelenblüte" oder „Seelenpflanze" zu finden und Ihre persönliche Blüten- oder Pflanzenessenz herzustellen, sodass Sie eine ständige Verbindung zu Ihrer Pflanze haben. Die Seelenpflanze sagt viel über Ihre Stärken, Ihre Ausrichtung und Aufgabe aus.

Die eigene Seelenpflanze finden

Die Suche nach der eigenen Seelenpflanze lässt sich am besten von April bis Oktober durchführen, da hier die meisten Pflanzen sichtbar sind. Wenn Sie den Impuls dazu haben, können Sie Ihre Suche aber auch im Winter machen – die Pflanze, die für Sie richtig ist, wird dann wachsen, wenn Sie auf die Suche danach gehen. Wenn möglich, sollte die Sonne scheinen – das ist für die Herstellung der Essenz wichtig.

Nehmen Sie sich einen ganzen Tag Zeit dafür, packen Sie genügend Essen und Trinken ein (es sei denn, Sie möchten fasten), eine Unterlage zum Sitzen und etwas zum Schreiben. Besorgen Sie sich vorher in der Apotheke zwei Braunglasfläschchen (20 ml ist eine gute Größe) mit einem Pipetteneinsatz. Außerdem brauchen Sie 20 ml eines sehr guten Quellwassers. Füllen Sie das eine der beiden Fläschchen mit dem Quellwasser, das andere bleibt vorerst leer (hier kommt dann später die Essenz hinein).

Denken Sie nun an verschiedene Orte in Ihrer Umgebung, die schön sind und an denen Pflanzen wachsen, und achten Sie darauf, ob es Sie zu einem dieser Orte besonders hinzieht.

Eine zweite Möglichkeit besteht darin, an einen Ort zu gehen, an dem Sie gerne sind und sich von dort aus, wie bei der Medizinwanderung, mit dem Herzen oder dem Solarplexus in eine bestimmte Richtung ziehen zu lassen. Wenn Sie an Ihrem Ausgangspunkt sind, fragen Sie: „Was ist meine Seelenpflanze?" Drehen Sie sich dann einmal um Ihre eigene Achse – wenn Ihr Blick von einer bestimmten Pflanze angezogen wird, dann gehen Sie zu dieser Pflanze hin, setzen Sie sich, begrüßen Sie sie und fragen Sie noch einmal: „Bist du meine Seelenpflanze?" Ist die gefühlte oder wahrgenommene Antwort ein „Ja", dann fangen Sie an, die Pflanze ganz bewusst wahrzunehmen. Wie sieht sie genau aus? Zeichnen Sie sie, achten Sie auf jedes Detail. Welche Farbe oder Farben hat sie? Wie riecht sie? Wie fühlt sie sich an? Wie sind die Blätter, wie der Stiel oder Stamm? Hat sie Blüten oder Samen? Notieren Sie alles, was Sie wahrnehmen. Nehmen Sie dann die Pflanze in ihrer Gesamtheit wahr – wie wirkt sie auf Sie? Ist sie zart, robust, keck, stabil oder leicht? Dehnen Sie dann Ihre Wahrnehmung auf Ihr Herz und Ihr gesamtes Wesen aus und umfassen Sie die Pflanzen mit dieser Energie. Fragen Sie „Was verbindet uns?", „Was ist deine Botschaft für mich?" und „Warum hast du mich als Freund oder Freundin ausgewählt?". Wenn Sie möchten, können Sie auch noch fragen: „Wohin soll ich im Leben gehen?" Die Antworten können in Worten, Bildern oder Gefühlen kommen, manchmal auch als ein gesamter „Download", der sich erst nach und nach entpackt und sichtbar wird. Haben Sie Geduld – manchmal muss man diese Art der Kommunikation erst üben und man fragt sich am Anfang oft, ob es wirklich eine Information ist oder bloßes Wunschdenken.

Wenn Sie das Gefühl haben, dass alles Wichtige gesagt ist, bedanken Sie sich bei der Pflanze und fragen Sie, ob Sie eine Essenz herstellen dürfen. Wenn die Pflanze damit einverstanden ist, dann beginnen Sie mit der Essenzherstellung.

Die persönliche Essenz herstellen

Es gibt verschiedene Methoden, Blüten- oder Pflanzenessenzen herzustellen. Bei den klassischen Methoden von Bach werden Teile der Pflanze bei Sonnenlicht in Quellwasser gelegt; sie geben so ihre Informationen an das Wasser ab. Nach mehreren Stunden werden dann die Pflanzenteile herausgenommen und das Wasser mit Alkohol haltbar gemacht. Eine andere Methode von Bach ist die sogenannte Kochmethode, bei der Pflanzenteile vor Ort in Wasser gekocht werden. In beiden Fällen wird die Pflanze verletzt, was in den letzten Jahren zur Entwicklung von Methoden geführt hat, die die Pflanzen unverletzt lassen und trotzdem die gleichen Ergebnisse in Bezug auf die

Wirksamkeit der Essenzen bringen (aus meiner Sicht sind diese Essenzen sogar wirksamer). Ich stelle Ihnen hier die sogenannte Tropfenmethode vor, die sich für die Herstellung kleinerer Mengen einer Essenz wunderbar eignet.

Dafür nehmen Sie mit der Pipette einen Tropfen Ihres Quellwassers und tropfen ihn auf die Pflanze auf (Blüten oder Gabelungen von Trieben eignen sich hier besonders). Warten Sie nun ab, während der Tropfen idealerweise vom Sonnenlicht beschienen wird. Nach einiger Zeit ist der Tropfen „gut", d. h. die Information ist von der Pflanze in das Wasser übergegangen. Man bekommt schnell ein Gefühl dafür, wie lange das dauert (im Durchschnitt zwischen zwei und zehn Minuten), und wie gelungen ein Tropfen ist. Nehmen Sie nun mit der Pipette des zweiten, leeren Fläschchens den Tropfen auf und leeren Sie ihn in das Fläschchen. Tropfen Sie nun einen weiteren Tropfen des Quellwassers auf die Pflanze auf und verfahren Sie genauso. Insgesamt 10 Tropfen reichen für eine Essenz vollkommen aus – nehmen Sie lieber weniger, dafür aber gut gelungene Tropfen und beuten Sie Ihre Pflanze nicht aus. Sobald die Tropfen nicht mehr an der Pflanze bleiben, sondern von ihr „getrunken" werden oder auf den Boden fallen, will die Pflanze nicht mehr. Das sollten wir auf jeden Fall respektieren.

Bedanken Sie sich nun noch einmal bei Ihrer Pflanze und versprechen Sie ihr, wiederzukommen.

Wenn Sie zu Hause sind, dann füllen Sie Ihr Fläschchen mit den Tropfen entweder mit der gleichen Menge Alkohol oder Salzsole auf. Solebrocken gibt es im Bioladen oder Reformhaus zu kaufen und müssen dann nur noch mit Wasser angesetzt werden. Ich schätze die Salzsole zur Konservierung sehr, da sie erstens keinen Alkohol enthält und damit auch für Kinder gut geeignet ist (da die Tropfen zum Einnehmen noch weiter verdünnt werden, haben sie nur ein ganz leichtes Salzaroma), und zweitens wertvolle Mineralstoffe enthält. Die so gewonnene Mischung heißt Uressenz. Diese wird nun noch einmal verdünnt, indem pro Tropfen der Uressenz noch einmal 10 ml Alkohol oder Salzsole dazugegeben werden. Jetzt hat Ihre Mischung die Stärke der Stockbottle (Vorratsflasche), in der auch die Bachblüten verkauft werden. Diese können Sie entweder direkt in einem Glas Wasser einnehmen oder noch einmal verdünnen. Dafür tropfen Sie ein bis zwei Tropfen Ihrer Stockbottle-Mischung in ein Fläschchen, das im Verhältnis von 1:1 mit einem Alkohol-Wasser- oder Salzsole-Wasser-Gemisch gefüllt ist. Das erklärt auch, warum zehn originale Tropfen von der Pflanze für eine Essenz vollkommen ausreichen.

Von dieser Mischung können Sie nun täglich oder bei Bedarf drei Tropfen in einem Glas Wasser einnehmen – am besten zusammen mit der Frage „Was ist meine Lebensaufgabe?". Achten Sie in der folgenden Zeit darauf, was geschieht und auf Hinweise, die Impulse für Ihr Anliegen geben können.

Besuchen Sie Ihre Seelenpflanze regelmäßig und bauen Sie mit der Zeit eine Freundschaft mit ihr und anderen Pflanzen ihrer Art auf – Sie haben Ihre Familie oder Ihren Freundeskreis um ein wichtiges Mitglied erweitert.

Tipps und Hinweise

Sie können die Bachblüte *Wild Oat* in der Apotheke kaufen. Dort gibt es sie entweder als Stockbottle oder als schon verdünnte Einnahmemischung. Da die Stockbottle teurer ist, empfiehlt sich zum Ausprobieren die Einnahmemischung.

Seien Sie nicht enttäuscht, wenn Sie am Anfang noch keine oder nur unklare Antworten erhalten. Gehen Sie öfter zu Ihrer Pflanze und bauen Sie nach und nach eine Freundschaft auf. Die Botschaften werden dann immer klarer und der Kontakt immer natürlicher und selbstverständlicher.

Sollten Sie (noch) keine direkte Antwort auf Ihre Fragen bekommen, dann können Sie die Botschaft und Bedeutung Ihrer Pflanze nachschlagen. In der Literaturliste finden Sie einige gute Bücher zu diesem Thema.

Vision Board

Mit Vision Boards habe ich „ganz klein" angefangen. Am Anfang waren es eher Schlagwörter aus Zeitungen, Magazinen und Werbungen. Diese habe ich ausgeschnitten und in meinen Geldbeutel gesteckt, einige sind auch als Lesezeichen in Büchern gelandet. Persönlich liebe ich es, mich von Materialien inspirieren zu lassen, die mich sowieso schon umgeben. Die kostenlosen Zeitschriften oder auch manchmal Flyer, die einem in der Stadt aufgedrängt wurden, eignen sich im Besonderen. Oft benutzt die Werbung bunte, grelle Farben aber auch plakative Worte, die in kurzen und knappen Sätzen präzise Botschaften vermitteln sollen.

Über die Jahre habe ich vieles in einer kleinen Metallbox gesammelt, um einen Fundus an Wörtern immer vorrätig zu haben. Genauso habe ich Schuhkartons gefüllt mit Stoff- und Wollresten, Ausschnitte aus Bildern, Flyern und Postkarten, sowie Teppichreste, Kron- und Weinkorken, Plastiktüten,

Papier mit schönen Mustern und Farben und vieles mehr. Eben alles, was mir ins „Auge springt". Als Kunstpsychotherapeutin bin ich in der glücklichen Lage, auch viele Farben und künstlerische Materialien zu Hause zur Verfügung zu haben. Mein künstlerischer Hintergrund ist die Holzbildhauerei, dadurch bin ich eher dreidimensional veranlagt und manche meiner Vision Boards sind Skulpturen. Das Board kommt bei mir in allen Größen vor, von einem Din-A1-Blatt bis hin zu einem einzelnen Schnipsel Papier oder Stoffstreifen. Ich gehe zumeist so vor, dass ich auf meinem Tisch alle Materialien ausbreite und dann mit meinen Augen auswähle, welche Dinge auf dem Schreibtisch verbleiben sollen. Das Auswählen mit den Augen kann man sich so vorstellen, dass ich langsam jedes Teil betrachte und mich selbst dabei beobachte, an welchen Materialien, Wörtern und Farben meine Augen den Bruchteil einer Sekunde länger verharren als an anderen. Diese Vorauswahl kann von Minuten bis hin zu Tagen dauern.

Ist der Schreibtisch erst einmal von allem „Überflüssigen" befreit, beginne ich mit dem Arrangieren. Dabei schiebe ich die Teile so lange hin und her, bis sich ein für mich harmonisches Ganzes ergibt. Manchmal ergeben die ausgewählten Wörter spontan ganze Sätze, oft aber auch bleiben sie als einzelne Wörter stehen. Ich versuche dabei immer so wenig kontrollierend beziehungsweise bewusst vorzugehen wie möglich. Manchmal fehlt mir jedoch etwas Bestimmtes und ich mache mich aktiv auf die Suche. Zum Beispiel brauchte ich für mein Studium

Geld als Grundlage, um mich weiterhin finanzieren zu können. Daher habe ich die Basis des Blattes mit Fotos von Geldscheinen und Münzen gepflastert. Dadurch entstanden Bilder von Möglichkeiten, mit denen ich gerne das Geld bekommen oder verdient hätte; unter anderem habe ich auch ein Foto meines Mannes dazu gelegt. Zum einen wünschte ich mir, dass er meinem Vorhaben positiv gegenübersteht, zum anderen, dass er mich eventuell auch teilweise finanziell unterstützen könnte. Dabei war mir wichtig ein Bild auszuwählen, auf dem wir beide einen schönen Moment erlebt hatten, das Foto sollte entspannte und glückliche Gesichter wiedergeben. So entwickelte sich das Bild von der Basis bis zur Spitze in mehreren Sitzungen. Dieses spezielle Vision Board hat sich mehrfach verändert, gewandelt und zu einem anderen neuen zusammengesetzt. Durch das Bearbeiten wurde mir das „Oben" des Bildes, die Spitze, das Ziel und damit mein Vorhaben immer klarer und präziser. Das abschließende Betrachten hat mir gezeigt, dass ich unbewusst Möglichkeiten erarbeitet hatte, wie, wo und womit ich mir Unterstützungen für mein Vorhaben herholen konnte. Ich war auch erfreut, dass der Hauptanteil des Bildes eine Unterstützung durch Sachwerte, Beratung und vor allem emotionalen Zuspruch ausmachte. Doch aus Sicherheitswünschen bildete das Geld stets die Basis aller Bildversionen.

Generell ist mir noch wichtig, dass das Bild aufgehängt werden sollte an einem Ort, der mir die Möglichkeit gibt, so oft wie möglich meinen Blick darüber schweifen zu lassen. Manchmal reduziert sich das Bild – auf ein einzelnes Wort, eine Farbe oder ein Material –, sodass ich es ständig mit mir herumtragen kann. Wichtig finde ich jedoch, es so oft wie möglich anzuschauen und sich dadurch mit dem Thema zu beschäftigen.

Für mich funktioniert das Vision Board auf vielerlei Weise: Zum einen hilft es mir, meine Zukunftsplanung und Wünsche klarer zu sehen und mich zu fokussieren. Es hilft mir, genau zu überlegen, was genau ich wirklich möchte. In meinem Beispiel zur Finanzierung des Studiums hat mir die Gewichtung der Unterstützungsmöglichkeiten gezeigt, welche mir am wichtigsten waren. Dadurch war es mir dann wiederum möglich, gezielt auf Personen, Institutionen und zum Beispiel auf Organisationen zuzugehen. Es hilft mir auch, durch die Bearbeitung meine jetzige Situation zu analysieren und darauf zu reagieren. Das Vision Board sorgt jedoch auch durch das häufige Betrachten dafür, am „Ball zu bleiben" und so das Vertrauen in mich und mein Vorhaben immer wieder zu bestärken. Wunderbar finde ich es auch, ein wenig die Verantwortung abzugeben. Durch das Sichtbarmachen meiner Ziele und Wünsche habe ich ein klares Zeichen an meine Umgebung oder auch an das Universum abgesetzt. Das Vision Board gibt mir und anderen die Chance, darauf zu reagieren. Zu Beginn war es mir jedoch peinlich, meinen Besuchern zu zeigen, was ich mir wünsche. Vielfach haben mir dann aber ihre neugierigen Fragen neue Wege aufgezeigt oder auch ganz konkrete Hilfsangebote eingebracht. In der Zwischenzeit habe ich auch einen

Weg gefunden, meine Bilder symbolisch zu gestalten, sodass nur ich den tiefen Kern des Boards kenne und ich dann beim Erzählen oder Erklären entscheiden kann, wie viel ich davon mitteilen möchte.

Michaela Elisabeth Hellenthal,
Kunstpsychotherapeutin, Schweiz

Vision Quest in Slowenien – Meine Bestimmung leben

Im Grunde begann meine Visionssuche schon Monate vor der eigentlichen Quest, und zwar mit der Anmeldung. Denn hierfür musste ich eine schriftliche Absichtserklärung verfassen, einen kurzen Abriss über meine gegenwärtige Lebenssituation und eine Erklärung, warum ich in die Wildnis gehen wollte, was ich verabschieden und was ich ins Leben rufen bzw. stärken wollte – das Motiv meiner Visionssuche. „Was will ich wirklich, was ist mein Weg, meine Lebensaufgabe?"

Zu diesem Zeitpunkt hatte ich das Gefühl, beruflich zwischen zwei Stühlen zu sitzen und es ging nicht weiter, weder in die eine, noch in die andere Richtung. Meine alte Welt war das Marketing im Angestelltenverhältnis und meine neue die Selbstständigkeit. Meine Tätigkeit als Marketingmanagerin befriedigte mich nicht mehr wirklich und dennoch hätte ich gerne wieder eine Halbtagsstelle zur finanziellen Absicherung gehabt. Aber wie das Leben manchmal so spielt, es tat sich einfach keine passende Stelle auf.

Was meine Selbstständigkeit anbelangte, so hatte ich zwar zunächst einiges in Schwung gebracht und arbeitete seit einigen Jahren bereits nebenberuflich in diesem Bereich, aber ich hatte irgendwie das Gefühl, in einem Loch zu stecken. Und dennoch, immer wenn ich jemanden dabei unterstützen konnte, besser mit seinem Leben zurechtzukommen, innere oder äußere Konflikte zu lösen oder Stress loszuwerden, merkte ich, wie viel Freude es mir bereitete und wie viel Energie mir diese Arbeit brachte. Nur sah es ganz danach aus, dass eine Kombination der beiden Bereiche für mich nicht mehr möglich war. Der Weg zurück schien abgeschnitten, und der Weg nach vorne war zwar offen, nur irgendetwas in mir hielt mich damals ab, ihn ganz zu gehen. Ich kam mir vor wie eine Raupe, die angefangen hatte, sich zu verpuppen, nicht mehr zurück konnte, aber auch nicht wusste, wie sie zum Schmetterling wird.

Etwa einen Monat vor meiner Reise ins Drachental stand als letzte Vorbereitung für die geplante Visionssuche noch eine 1-tägige „Medizinwanderung" an. Es galt, einen Tag lang alleine fastend in der Natur zu verbringen. Eine Art Vorbereitungsritual von Sonnenaufgang bis Sonnenuntergang, um die Fragestellungen und Absichten für meine Visionssuche nochmals zu klären. Ich genoss diesen ruhigen, beschaulichen Tag im Wald damals sehr. Schon kurz nachdem ich die Schwelle überschritten hatte, fand ich einen wunderschönen Stein in Herzform und hatte während dieser Wanderung ungewöhnlich viele Begegnungen mit Tieren (Vögel, Hasen, Rehe, Wildschweine usw.). Am Ende des Tages war ich mir daher auch sicher, dass die Visionssuche das Richtige für mich sein würde.

Im August 2009 war es dann endlich so weit. Ich traf mich, einen großen Rucksack auf dem Rücken, mit dem Großteil der Teilnehmer am Bahnsteig des Münchener Hauptbahnhofes, um den Nachtzug nach Slowenien zu nehmen. Die Zugfahrt verlief wie geplant und wir kamen am nächsten Morgen bei schönstem Wetter in Koper an. Da wir noch Zeit bis zum Abstieg ins Dragonja-Tal hatten, in dem die Visionssuche stattfinden sollte, wanderten wir durch die kleine Stadt und gingen im Strandbad baden. Auf dem Weg durch den netten Ort fand ich immer wieder wunderschöne große weiße Federn. Ich sammelte sie alle auf, bis ich am Ende eine ganze Handvoll davon hatte. Federn liebte ich schon immer, daher waren diese wie ein Willkommensgeschenk für mich, und wie sich später herausstellen sollte, sogar eine Art Vorbote für die eigentliche Quest.

Nach dem gemeinsamen Bad ging es nachmittags in Sammeltaxis zum Drachental, einem dicht bewachsenen, unter Naturschutz stehenden Gebiet, in dem wir die nächsten 14 Tage verbringen sollten. Der zweistündige Abstieg in das heiße, trockene Tal war für den einen oder anderen aufgrund des umfangreichen Gepäcks zwar etwas mühsam, aber die schönen Ausblicke, die Ruhe und das fröhliche Vogelgezwitscher machten die

Mühe wieder wett, und spätestens nach dem herzlichen Empfang im Basislager seitens der beiden Seminarleiter, deren Helfern und Kinder dachte keiner mehr an die Anstrengungen des Abstiegs.

Nach einem einfachen, aber sehr leckeren Abendessen und einer ersten gemeinsamen Runde zogen wir müde und etwas aufgeregt zu unseren Schlafstätten. Wir hatten nach unserer Ankunft Zeit gehabt, uns in der Umgebung des Basislagers umzusehen und jeder hatte sich einen Platz gesucht, an dem er schlafen wollte, dort seine Isomatte und seinen Schlafsack ausgebreitet und eine Plane zum Schutz vor Regen und Sonne aufgebaut. Es war eine klare, warme Nacht, die Sterne funkelten und es herrschte Stille in dem unberührten Tal. Trotz meiner Bedenken hinsichtlich möglicher Schlangenbesuche schlief ich schon bald ein.

Am nächsten Morgen wurde ich von zartem Flötenspiel geweckt. Ich war verwundert und genoss es, der Melodie zuzuhören. Was für eine wunderschöne Art aufzuwachen, insbesondere an so einem Ort. Die Sonne blinzelte gerade über die ersten Hänge auf der gegenüberliegenden Talseite und die Luft war noch etwas feucht von der Nacht. Ich hatte gut geschlafen und fühlte mich so richtig wohl in meiner Haut.

Die kommenden vier Tage waren angefüllt mit zahlreichen Übungen in der Natur, der Spiegelung des Erlebten, dem Gestalten eigener Zeremonien und Rituale, dem Finden sowohl eines persönlichen Kraftplatzes, als auch des Platzes für die Zeit in der Wildnis, Einweisungen in die

Grundprinzipien des Medizinrads und des Fastens sowie den üblichen Informationen bezüglich Sicherheit und Risiken. Schließlich sollten wir vier Tage alleine da draußen verbringen und Slowenien hatte ein mediterranes Klima, inklusive Schlangen, Skorpionen und Zecken.

Ich genoss diese Tage sehr, und auf meinen Streifzügen durch die Natur fand ich außer dem zu suchenden Kraftstein noch ein kleines Rehbockhorn und den leeren Chitinpanzer eines etwa 5 cm großen Käfers.

Täglich stellte ich mir die Frage aufs Neue, was genau ich verändern, stärken und unterstützen wollte, mit welchem Satz ich hinaus in die Natur gehen wollte, und jeden Tag gab es einen neuen Aspekt, der wichtig zu sein schien. Der Satz „Ich bin die Frau, die ..." bekam eine etwas andere Wendung. Bis ich dann am Morgen des Aufbruchs aufwachte, mir die Frage ein letztes Mal stellte und plötzlich wusste, dass ich den Satz gefunden hatte: „Ich bin die Frau, die ihre Bestimmung lebt." Ich sprach den Satz leise aus und überprüfte ihn nochmals innerlich, er fühlte sich sehr stimmig an.

Kurz danach hieß es auch schon die Sachen zusammenpacken und zu der Ritualstelle gehen, an der wir einer nach dem anderen in die Natur entlassen wurden. Als ich an der Reihe war, sprach ich den Satz, mit dem ich die nächsten vier Tage in der Wildnis verbringen wollte und der mein zukünftiges Leben prägen sollte, laut aus und erhielt ein ehrfurchtsvolles, zustimmendes „How" als Antwort. Dann stieg ich in den Steinkreis, ließ mich räuchern und von den Vertretern der vier

Himmelsrichtungen segnen. Meine alte Welt wurde mit einer Adlerfeder symbolisch abgeschnitten, und ich betrat die neue Welt der Vision Quest. Gesammelt trat ich aus dem Steinkreis, nahm meinen Rucksack auf und zog in dem Bewusstsein los, meine alte Welt nun ganz hinter mir zu lassen. Ich begann ergriffen zu weinen. Freude, Trauer und Ehrfurcht mischten sich und flossen in Form von Tränen aus mir heraus. Mir wurde zum ersten Mal die ganze Tragweite dieses Schrittes bewusst. Die Größe des Satzes und seine möglichen Konsequenzen machten mir Angst. Ich weinte lange auf dem Weg zu meinem Quest-Platz um die Dinge, die es zu verabschieden und loszulassen galt. Zur gleichen Zeit spürte ich aber, dass die Natur mich auf meinem Weg unterstützen würde – so verbunden und gut aufgehoben hatte ich mich noch nie gefühlt.

An meinem Platz angekommen, baute ich zunächst mein Tarp auf, es dauerte eine ganze Weile. Schnüre wurden gespannt und umgespannt, Erdhaken gesetzt und wieder versetzt, bis die Plane endlich richtig hing. Über mir krächzten unterdessen große schwarze Raben, die sich gegenseitig zu jagen schienen, die Luft rauschte regelrecht von ihrem Flügelschlag. Ich konnte mich gar nicht entsinnen, schon einmal so lautes Flügelrauschen vernommen zu haben. Es war beeindruckend.

Etwas später, bei einem Streifzug durch den Wald, fand ich eine abgesägte Astgabel, die mich an den Torso einer Frau erinnerte. Ich nahm sie mit zu meinem Quest-Platz und beim Aufstellen dort bemerkte ich, dass der Torso vorne rindenlos, die Rückseite aber noch ganz mit Rinde bedeckt war, so als ob sich ein Teil schon zeigen dürfte, der andere sich aber noch bedeckt hielt. Dann zog ich nochmals los, um meine Notverpflegung, eine Packung Traubenzucker und einige Reiscracker, im Wald zu verstecken. Meine größten Bedenken bezüglich der kommenden vier Tage waren, dass ich aufgrund meines relativ geringen Gewichtes Probleme mit dem Fasten bekommen könnte. Aber ich wollte den Notproviant auch nicht in der Nähe meines Schlafplatzes haben, da ich ansonsten zu schnell verleitet werden könnte, ihn in Anspruch zu nehmen und sicherlich auch verstärkt an das Essen denken würde. Weit kam ich allerdings nicht, da sah ich einen alten, vom Wetter glattpolierten Ast, der einem lang gezogenen Drachen ähnelte. Erfreut hob ich ihn auf und setzte ihn bei meiner Rückkehr vor den Frauentorso. Er würde mich (den Torso) die nächsten Tage beschützen. Gegen Nachmittag wanderte ich hinunter zur Dragonja, dem Fluss, dem das Tal seinen Namen verdankt. Ich breitete meine Isomatte und den Schlafsack auf einem großen flachen Felsbrocken aus und setzte mich anschließend in das kühle Wasser. Es war sehr friedlich, Grillengezirpe, Vogelzwitschern, Libellen, die von einer Stelle zur anderen flogen, und die Sonne, die mir warm ins Gesicht schien. Da meldete sich plötzlich am gegenüberliegenden Flussufer ein Rehbock. Er bellte drei bis vier Mal laut, stampfte kräftig mit einem Huf auf, drehte sich geräuschvoll um und verschwand wieder. Von der Lautstärke her musste er ganz nah gewesen sein, auch wenn ich ihn nur als braunen Schatten zwischen den Bäumen wahrnehmen konnte. Ich freute mich sehr, die Tiere begegneten mir in der Reihenfolge, in der ich ihre Spuren gefunden hatte. Zuerst die großen Vögel mit ihrem lauten Flügelschlag, dann der Rehbock. Wann und wo würde ich wohl einem Käfer begegnen?

Als es dunkel wurde, richtete ich mich auf die Nacht ein. Hier auf dem Felsen, inmitten des fast ausgetrockneten Flussbettes, mit freiem Blick auf das Sternenzelt, wollte ich schlafen. Der Platz, an dem ich das Tarp aufgespannt hatte, war nur für schlechtes Wetter gedacht. An diesem Abend war ich noch lange wach, lauschte den Geräuschen des Waldes und dachte über mein Leben nach. Nachts wurde ich allerdings zwei oder drei Mal von einem ungewohnten Rascheln hinter meinem Kopf geweckt. Zu sehen war nichts, ich hörte nur immer wieder Rascheln und Grunzen. Das mussten wohl die Wildschweine gewesen sein, von denen die Seminarleitung berichtet hatte. Ich war froh, dass ich auf dem großen Felsen lag und nicht ebenerdig im Wald.

Morgens, kurz nach dem Aufwachen, hörte ich wieder Rascheln im Gebüsch hinter mir. Ich setzte mich langsam auf, doch auch dieses Mal sah ich nichts. Schade, ich hatte gehofft, endlich einmal einen der nächtlichen Besucher zu Gesicht zu bekommen. Dann, ganz unerwartet, erblickte ich nur zehn Meter von mir entfernt einen Rehbock am anderen Flussufer. Augenblicklich verharrte ich in meiner Position und wagte kaum mehr zu atmen, um nur ja kein Geräusch zu machen, das ihn hätte vertreiben können. Lange konnte ich ihn dabei beobachten, wie er von Busch zu Busch wanderte, um von den herabhängenden Ästen zu fressen. Nun zeigte er sich also endlich, der bellende Rehbock vom Vortag. Ich war glücklich, so nah war ich noch nie einem Rehbock gewesen.

Später am Vormittag legte ich einen Stein an die vorab vereinbarte Stelle im Wald. Ein Zeichen für meine Quest-Partnerin, dass es mir gut ging und sie sich keine Sorgen zu machen brauchte. Anschließend suchte ich einen geeigneten Platz für meine „Sterbehütte", baute diese sorgsam aus Zweigen auf und setzte mich hinein. An diesem Ort nahm ich die nächsten Stunden und Tage gedanklich Abschied von alten Schmerzen, hinderlichen Werten und Zielen in Bezug auf meine neue Lebensphase und klärte innerlich konfliktbehaftete Beziehungen. Vieles ging mir durch den Kopf und wollte betrachtet werden. Doch nicht nur alte Dinge kamen mir in den Sinn. Auch Zukunftswünsche in Hinblick auf meine Beziehung meldeten sich sonderbarerweise. Aspekte, die, wie sich später herausstellen sollte, kurz gelebt und anschließend verabschiedet werden wollten.

Nachmittags brach ich zu einer Wanderung in die nähere Umgebung auf. Ich war noch nicht lange unterwegs, maximal zehn Minuten, als ich spürte, dass ich heute nicht sehr weit kommen würde. Ich fühlte mich ungewöhnlich schlapp und entsprechend anstrengend war der Rückweg. Das Fasten machte mir mittlerweile richtig zu schaffen. Daher blieb ich den restlichen Tag in der Nähe meines Felsens und beobachtete die Tierwelt um mich herum.

Da zum Abend hin Wolken aufgezogen waren, nahm ich meine Schlafsachen und trug sie zum Tarp. Ein oder zwei Mal wurde ich durch das Donnern und Blitzen geweckt, aber ansonsten schlief ich tief und ruhig und meine Sachen blieben trocken. In dieser Nacht fiel der Frauentorso um und die Rückseite, welche zuvor noch mit Rinde bedeckt gewesen war, war nun auch blank. Erstaunt und gleichzeitig erfreut betrachtete ich diese Wandlung, die für mich ein Spiegelbild meines Inneren darstellte.

Am dritten Tag brauchte ich morgens sehr lange, um aufzustehen. Ich hatte leichte Muskelkrämpfe in den Beinen, schaffte es aber dennoch zur Body-Stelle, um meine tägliche Stein-Nachricht zu hinterlassen und ging anschließend langsam zu der Sterbehütte. Immer wieder wanderten meine Gedanken nach Hause, zu dem, was ich zurückgelassen hatte und was es noch abzuschließen galt. Zu schlapp, um zum Fluss zu gehen, verbrachte ich den restlichen Tag unter dem Tarp und auf einer Wiese in der Nähe. Dort sitzend suchte ich zum x-ten Mal meinen Körper nach Zecken ab. Diese kleinen Tierchen gab es hier leider zuhauf, 20 bis 30 der nervigen Gesellen musste ich täglich entfernen. Mittlerweile kannte ich schon jeden Leberfleck an meinem Körper. Da saß oder lag ich also, zählte die Stunden, lauschte den Geräuschen der Umgebung und sah den fleißigen Ameisen und bunten Schmetterlingen zu. Heute nervten die Fliegen und ich fühlte mich wie eine Achtzigjährige. Plötzlich konnte ich nachvollziehen, wie sich alte Leute wohl fühlen mussten, wenn sie zu schwach waren, um den Alltag alleine zu

bewältigen und permanent auf die Hilfe anderer ange-
wiesen waren.

Auch in dieser Nacht schlief ich wieder unter meiner
Schutzplane. Nur wurde ich mitten in der Nacht von
einem tiefen, heiseren Bellen geweckt. Der Klang war
unheimlich, kam immer näher und tat richtig weh im
Ohr. Als ich das Gefühl hatte, der bellende Rehbock würde fast neben mir stehen und meine Plane überrennen,
griff ich nach meiner Brille und der Taschenlampe. In
diesem Moment erklang in einiger Entfernung ein zwei-
tes Bellen. Jetzt war mir klar, warum der Rehbock hinter
mir so laut gebrüllt hatte und selbst meine Anwesenheit
ihn nicht abschrecken konnte. Es war Brunftzeit und der
Bock markierte sein Revier. Allerdings nicht mehr lange,
denn das tiefe, raue Bellen seines Rivalen kam stetig näher. Ein, zwei Minuten später schrie „mein" Rehbock ein
letztes Mal, dann verschwand er etwa drei Meter von
meinem Tarp entfernt im Unterholz. Kurz darauf erschien
der zweite Rehbock auf der Lichtung und gab noch ein
oder zwei Mal Laut. Dann kehrte wieder Ruhe ein und
ich hatte eine weitere Lektion gelernt. Wenn mich das
nächste Mal jemand wütend anblaffen würde, wollte ich
mir bewusst machen, dass nicht unbedingt ich der Grund
für seine Wut war, sondern ihm eventuell jemand oder
etwas anderes im Nacken saß.

Am nächsten Morgen erwachte ich bei Sonnenaufgang
vom Fiepen eines Eichhörnchens. Es war lustig anzu-
sehen, wie es auf den Bäumen über mir anmutig von
einem Ast zum anderen hüpfte. Lange schaute ich ihm

zu, lauschte dem Knacken in den Bäumen, dem Rauschen der Blätter sowie dem Zwitschern der Vögel und dem leisen Summen der Fliegen. Als ich dann endlich aufstand, stellte ich erleichtert fest, dass ich an diesem Morgen viel fitter war als an den letzten beiden Tagen; der Leiter hatte also recht behalten. Am vierten Fastentag stellte sich der Körper um und aktivierte seine Reserven. Meine größte Angst war also unbegründet gewesen und ich konnte mich wieder wie gewohnt bewegen.

Die Kraft wieder spürend, baute ich daher gleich mein Lager ab, bedankte mich bei den vier Himmelsrichtungen für ihren Schutz und entließ die Steine, welche jeweils eine der vier Seiten des Quest-Platzes markiert hatten. Gegen Mittag setzte ich mich ein letztes Mal in die Sterbehütte und klärte innerlich einen weiteren Konflikt. Es tat gut, das Thema endlich ruhen lassen zu können. Dann baute ich auch diesen Ort ab und verstreute alle hierfür genutzten Äste im Wald. Es sollte alles wieder so aussehen, wie ich es vor drei Tagen vorgefunden hatte. Last but not least cremte ich mich am ganzen Körper ein und rubbelte, einem rituellen Peeling vergleichbar, die trockene Haut ab. Unglaublich, wie gut sich das anfühlte, die alte Haut mit all ihren Erinnerungen hier abstreifen und zurücklassen zu können. Nun hatte also auch ich mein letztes Stück „Rinde" abgelegt.

Kurz bevor es dunkel wurde, legte ich den Steinkreis auf dem Boden aus, in dessen Mitte es galt die letzte Wachnacht zu verbringen. Etwa zehn Stunden hatte ich noch vor mir, bis ich den Kreis wieder öffnen durfte und

zurück zum Basislager gehen konnte. In meinem Schlafsack sitzend wartete ich darauf, dass die Zeit verstrich
und lauschte in die Nacht hinein. Es musste etwa eine
Stunde vergangen sein, als mir plötzlich etwas über meine Hände krabbelte. Sofort knipste ich meine Stirnlam-
pe an und entdecke im hellen Lichtkegel einen riesigen
schwarzen Käfer von sechs bis sieben Zentimetern. Nun
hatte sich also auch der letzte tierische Vorbote zu erkennen gegeben und sich alle Tiere in ihrer angekündig-
ten Reihenfolge gezeigt.

Die restliche Nacht verlief ruhig, ich beobachtete die
Sterne, wie sie über den Himmel zogen, und zählte die
Stunden, bis es wieder hell wurde. Gegen fünf Uhr muss
ich kurz eingenickt sein. Als ich wieder wach wurde, begann es gerade hell zu werden. Da wusste ich, dass ich
es geschafft hatte! Eine unbändige Freude überkam mich
und erfüllte meinen ganzen Körper. Zum ersten Mal auf
dieser Quest begann ich laut zu singen. Das Lied „I step
into the flow and then I let it go" bahnte sich seinen Weg
ins Freie und schallte durch die Gegend. Ich genoss den
Sonnenaufgang wie selten zuvor, und als es hell genug
war, sodass die einzelnen Farben wieder erkennbar wurden, trat ich steif aus meinem Steinkreis heraus. Einen
Dank an die vier Himmelsrichtungen und alle geistigen
Helfer aussprechend, löste ich anschließend den Schutz-
kreis wieder auf und legte die Steine an ihren ursprünglichen Platz zurück. Dann packte ich meine Habseligkeiten
zusammen, inklusiver derer, die ich gefunden hatte, und
ging zurück zum Basislager.

Dort angekommen, wurde ich von den Teamleitern herzlich willkommen geheißen und mithilfe eines abschließenden Rauchrituals aus dem „heiligen" Bereich wieder ins Hier und Jetzt, in die Gemeinschaft, geholt. Es gab eine zeremonielle Waschung und ein unglaublich leckeres Frühstück.

Die folgenden vier Tage waren geprägt vom Erzählen des Erlebten, von der Spiegelung der Geschichten durch die Quest-Leitung und dem Aufarbeiten der gemachten Erfahrungen. Es war wunderschön, wieder in der Gruppe zu sein und alle waren sehr ausgelassen. Dann, am zwölften Tag, galt es Abschied zu nehmen. Schweren Herzens verabschiedeten wir uns von unserem Team und wanderten zurück in die menschliche Zivilisation.

Die Heimfahrt verlief ereignislos, und erst als ich wieder in München ankam, wurde mir bewusst, dass ich noch gar nicht wieder bereit war, mein Alltagsleben aufzugreifen. Ich weigerte mich, in meine Wohnung zu gehen, bat meinen Freund, mir Kleidung aus der Wohnung zu holen und quartierte mich für drei Tage bei ihm ein. Dann erst war es mir wieder möglich, in mein altes Umfeld zurückzukehren.

Seither hat sich viel getan. Ein paar Wochen nach der Visionssuche entschied ich mich endgültig, meinen alten Job als Marketingmanagerin nicht mehr aufzunehmen und mich ganz selbstständig zu machen. Ich habe meinen Entschluss nie bereut, auch wenn es nicht immer leicht war.

Was mir unter anderem sehr geholfen hat, war – neben einer Kette, die ich während der Visionssuche getragen hatte und die mir in schwierigen Zeiten Vertrauen gibt –, mein neues Zuhause. Ein Ort der Kraft, an dem ich lebe und arbeite. Ein wunderschönes Haus mit einem alten Garten, in dem ich jede freie Minute verbringe. Die Natur hat ihr Versprechen gehalten und hält es noch heute. Sie unterstützt mich, wenn ich es brauche, und ich freue mich immer noch jeden Tag, wenn ich in meinen Garten gehe und den Vögeln lausche.

Brigitte Geißler,
Kinesiologin, München

Mein Erfahrungsbericht

Meine Visionssuche verlief ganz anders: Nach längerem Recherchieren und Überlegen hatte ich mich dazu entschlossen, die Visionssuche alleine durchzuführen. Ich suchte mir ein waldreiches, relativ dünn besiedeltes Gebiet im nördlichen Mitteldeutschland aus und hier – mithilfe von Google Earth – ein Gebiet um eine kleine Ortschaft, die noch mit dem Zug erreichbar war.
Nachdem dort für die erste Nacht und die Suche nach einem Platz ein Pensionszimmer gebucht und der örtliche Förster angerufen war, fing ich an zu packen und mich innerlich darauf vorzubereiten. Ich schwankte, manchmal von einer Sekunde auf die andere, zwischen Euphorie und

Angst und träumte in den darauf folgenden Nächten von der Zeit im Wald. Auch die Träume waren eine Mischung aus Faszination und Düsternis, auf jeden Fall aber groß. Nachdem ich meinem Lebensgefährten, der alles andere als begeistert von meiner Idee war, versprochen hatte, regelmäßig mit dem Handy Lebenszeichen von mir zu geben und auch zu überprüfen, ob das Handy an meiner ausgesuchten Stelle Empfang hatte, fuhr ich schließlich los. Es herrschte eine drückende Hitze als ich endlich in dem Ort ankam, und nachdem ich mein Zimmer bezogen hatte, machte ich mich auf den Weg, um in der ausgesuchten Waldgegend einen guten Platz für die nächsten drei Tage und Nächte zu finden. Rund um den Ort gab es weite Wiesen, Felder und altes Kulturland mit Obstbäumen und dieser besonderen Sommeratmosphäre, die aus Weite, Hitze, Bienen und dunkelblauem Himmel besteht. Ich fühlte mich auf diesem Weg in die Höhe und Richtung Wald glücklich und weit und genau dort, wo ich sein wollte und sollte – ein Gefühl, das sich jedoch sofort veränderte, als ich den Wald betrat.

Der Wald war eigenartig, dunkel, unruhig und ein bisschen bedrohlich. Nachdem ich mehrere Stunden unterwegs war, mir immer wieder Plätze angesehen und diese verworfen hatte und schon ziemlich entmutigt war, beschloss ich, mich ab jetzt nur noch vom Herzen ziehen zu lassen und hatte plötzlich den Impuls, vom Weg abzubiegen und etwas ins Unterholz hineinzugehen. Nach kurzem Weg stand ich plötzlich an dem idealen Platz – mit einem Baum für das Tarp und einem Baumstumpf als

Sitzgelegenheit. Ich wusste, dass das der richtige Platz für die nächsten drei Tage war. Am Weg markierte ich mir die Stelle, an der ich abbiegen musste, und ging zum Ort zurück. Auf dem Weg, vorbei an den Wiesen und Feldern, überkam mich wieder dieses Glücksgefühl. Am nächsten Tag wanderte ich los. Das Wetter hatte sich über Nacht komplett verändert und statt der drückenden Hitze war es nun kalt, grau und regnerisch geworden. Aber als ich den Weg zu den Feldern und Wiesen erreicht hatte, brach der Himmel auf, um sich gleich wieder zu verdüstern, sobald ich den Wald erreicht hatte. An meinem Platz angekommen, baute ich meine Sachen auf, suchte die Steine für meinen Kreis, setzte mich hin und wartete. Es regnete, ich saß wie ein Zwerg unter meinem Regenponcho, es hörte auf zu regnen und ansonsten passierte überhaupt nichts. Lähmende Langeweile machte sich breit und nahm mit den zäh verrinnenden Stunden ein immer bedrohlicheres Ausmaß an. Ich war froh, als es endlich dämmerte und ich in mein Tarp kriechen konnte.

Dann begann das Gewitter – ich weiß nicht, ob ich jemals ein derartig schweres Gewitter erlebt habe. Nach jedem der unglaublich nahen Blitze und lauten Donnerschläge bebte der Boden und ich spürte echte Angst. Ich dachte „Was tue ich hier?" und „Bin ich wahnsinnig?". Nach einer halben Stunde in Panik passierte etwas Seltsames ich dachte plötzlich „Na, dann sterbe ich halt hier – so sei es" und wurde mit einem Mal vollkommen ruhig. Das Gewitter flaute ab und es folgte eine kalte, unbequeme, schlaflose und endlos lang erscheinende Nacht, aber ohne Angst. Der Wald war still und groß, als ich mich nachts einmal kurz aus meinem Tarp schälte, weil mir alles weh tat, und ein Nachtvogel flog mit einem eigenartigen Geräusch, das wie raschelnde Seide klang, ganz nah vorbei. Die nächsten beiden Tage und Nächte verliefen weitgehend ereignislos, mit der Ausnahme, dass mir immer dann, wenn ich ans Aufgeben dachte, plötzlich ein dicker Regentropfen auf den Kopf klatschte. Beim ersten Mal bemerkte ich es noch nicht richtig, beim zweiten Mal dachte ich, dass es meine von der Übermüdung überreizten Nerven waren, ab dem dritten Mal musste ich lachen und gab das Aufgeben auf. Am Ende baute ich alles wieder ab, dankte dem Platz und meinen Steinen und fand mich plötzlich auf dem Weg zum Weg in einem Labyrinth wieder – ich verirrte mich in dem kleinen Stück Wald, auf den ich die letzten drei Tage dauernd gestarrt hatte, weil er plötzlich vollkommen anders war – so, als hätte er sich irgendwie verschoben. Nach einigen erfolglosen Versuchen und zunehmender Panik lief ich noch einmal zu meinem Platz zurück und fand von dort aus den Weg wieder. Ich war enttäuscht und frustriert über meine Visionssuche – es war nichts Besonderes passiert und ich hatte keine Erkenntnisse gewonnen. Sobald ich in dieser Stimmung aus dem Wald heraus auf den Weg über die Felder und Wiesen kam, brach erneut die Sonne durch die Wolken und ich hatte wieder dieses weite, leichte und spirituelle Gefühl. Und mir kam plötzlich in den Kopf: „Beschäftige dich mit Heilpflanzen!"

Es kam mir zu dieser Zeit wie ein schwacher Trost vor, oder der Versuch meines Bewusstseins, doch noch etwas davon gehabt zu haben, aber es hat sich nach und nach als wertvoller Rat herausgestellt. Und ich habe durch den Weg gemerkt, dass Bewegung und Weite für mich viel besser sind, als das Ausharren auf einem Platz, was ich sowieso schon gut kann.

Susanne Marx, Bonn

Literaturempfehlungen

Zu einigen Techniken, wie dem Visual Board oder der Freude als Kompass, gibt es keine speziellen Bücher, die ich Ihnen empfehlen kann, bei anderen, wie der Aufstellung bzw. Systemik gibt es zu viele, um ein spezielles Buch zu empfehlen. Hier sind Ihre detektivischen Fähigkeiten gefragt. Bei anderen Techniken finden Sie im Folgenden einige Empfehlungen, die mir persönlich zu dem Thema gut gefallen haben.

Herzintelligenz

Childre, Doc und Martin, Howard: *Die Herzintelligenz-Methode*, Kirchzarten: VAK, 2012

Marx, Susanne: *Herzintelligenz kompakt*, Kirchzarten: VAK, 2010

McCraty, R., Atkinson, M. und Bradley, R.T.: „Electrohysiological evidence of intuition: Part 1. The suprising role of the heart", in: *Journal of Alternative and Complementary Medicine* 10 (1), S. 133-43, 2004

McCraty, R., Atkinson, M. und Bradley, R.T.: „Electrophysiological evidence of intuition: Part 2. A system-wide process?", in: *Journal of Alternative and Complementary Medicine* 10 (2), S. 325-36, 2004

Medicine Walk / Medizin-Wanderung und Vision Quest / Visionssuche

Fischer-Rizzi, Susanne: *Mit der Wildnis verbunden*, Stuttgart: Franck-Kosmos, 2007

Koch-Weser, Sylvia und von Lüpke, Geseko: *Vision Quest*, Klein Jasedow: Drachen Verlag, 2009

Linn, Denise: *Praxisbuch Vision Quest*, Bielefeld: Lüchow, 2003

Das eigene Märchen

Grimm, Jacob und Grimm, Wilhelm: *Kinder- und Hausmärchen*, München: Diederichs Verlag, 2001

Von Bonin, Felix (Hrsg.): *Schamanismus und Märchen*, Ahlerstedt: Param Verlag, 2003

Impulse von außen

Ekl, Peter: *Blütentherapie und Naturerfahrung*, Bielefeld: Edition Tirta, 1997

Kalbermatten, Roger und Kalbermatten, Hildegard: *Pflanzliche Urtinkturen*, Baden und München: AT Verlag, 2005

Zuther, Svenja: *Die Sprache der Pflanzenwelt*, Baden und München: AT Verlag, 2010

Eine sehr gute Quelle für schon fertig hergestellte, einheimische Pflanzenessenzen sind die Iris-Flora-Blütenessenzen von Anne Gret Rensing: www.irisflora.de

Über die Autorin

Dr. phil. Susanne Marx ist Expertin für energetische Methoden. Sie gründete und leitet das *Zentrum für Feng-Shui und Energetische Therapien* in Bonn, das Ausbildungen, Kurse und Einzelsitzungen in EFT (Klopfakupressur) und anderen Techniken anbietet. Sie hält regelmäßig Vorträge und arbeitet auch als Sachbuchautorin. Bei VAK sind bereits mehrere Bücher von ihr erschienen.

Dr. Susanne Marx:
Mein Taschencoach

**Die 15 besten Selbsthilfemethoden
von Atemberuhigung bis Quantenheilung**

Dieses kompakte Nachschlagewerk bietet Soforthilfe im praktischen Pocket-Format und einen Überblick über die Top 15 der besten Selbsthilfetechniken. So gelingt es Ihnen, aus dem oft verwirrenden Angebot an Selbsthilfetechniken genau die Methode auszuwählen, die für Sie am besten geeignet ist. In diesem kleinen Ratgeber werden zudem erstmals die bewährtesten Methoden aus westlichen und östlichen Traditionen aufgeführt. Sie sind leicht anzuwenden, äußerst effektiv und helfen sofort.

Reihe VAK kompakt
128 Seiten,
Flexocover (10 x 15,5 cm)
ISBN 978-3-86731-052-9

Reihe VAK kompakt
128 Seiten,
Flexocover (10 x 15,5 cm)
ISBN 978-3-86731-063-5

Dr. Susanne Marx:
Herzintelligenz® kompakt

**Gesund und gelassen,
klar und kreativ**

Das leicht erlernbare Übungsprogramm aktiviert Ihre Herzintelligenz im Handumdrehen und macht sie im Alltag praktisch nutzbar. Die Methode baut Angst, Sorgen und Stress ab, hilft bei Erschöpfung und Schlaflosigkeit, senkt Bluthochdruck und stabilisiert Ihren Herzrhythmus. Sie erleichtert die Entscheidungsfindung, steigert Ihre Kreativität und Produktivität und verbessert Ihre Kommunikation. Der kompakte Ratgeber im Taschenformat präsentiert die Grundzüge der wissenschaftlich fundierten HerzIntelligenz®-Methode auf einen Blick.

Dr. Susanne Marx:
9-Ki-Astrologie kompakt

So nutzen Sie das japanische Geburtshoroskop für die wichtigen Entscheidungen im Leben

Die japanische 9-Ki-Astrologie ist eine der ältesten astrologischen Schulen der Welt. In ihrem Zentrum stehen neun Persönlichkeitstypen, die treffend beschrieben werden: So lernen Sie, die unterschiedlichen Aspekte Ihres Charakters aus einer neuen – fernöstlichen – Perspektive weiterzuentwickeln. Praktische Hilfestellungen für die verschiedensten Lebenslagen, wie berufliche Neuorientierung oder Beziehungsfragen, runden den Ratgeber ab. Mit Tabellen und Schritt-für-Schritt-Anleitung zur Ermittlung der eigenen 9-Ki-Zahlen!

Reihe VAK kompakt
128 Seiten, zahlr. Abbildungen,
Flexocover (10 x 15,5 cm)
ISBN 978-3-86731-106-9

Dr. Susanne Marx:
BSFF kompakt

Probleme sofort lösen mit der Kraft des Unbewussten

Ein einziges Wort genügt, um sich von seelischen Belastungen zu befreien: BSFF!
Diese einfache Selbsthilfemethode arbeitet nach dem gleichen Prinzip, wie unser Körper etwa das vegetative Nervensystem steuert – unbewusst, ohne unser aktives Zutun. Diese Fähigkeit nutzt BSFF jetzt für das Problemlösen: Das Unbewusste wird zum Verbündeten und räumt „auf Kommando" die hemmenden, einschränkenden Verhaltensmuster aus dem Weg – wenn wir es dazu beauftragen: Die Soforthilfe im praktischen „Jackentaschen-Format"!

Reihe VAK kompakt
128 Seiten, 19 Abbildungen,
Flexocover (10 x 15,5 cm)
ISBN 978-3-86731-028-4

Leseproben für alle VAK-Titel unter: www.vakverlag.de